## 主编简介

**樊 伟** 男，西南政法大学党委书记。曾主研国家社会科学基金特别委托项目、马克思主义理论研究和建设工程重大研究课题《重庆市推进内陆开放高地建设实践研究》，重庆市哲学社会科学重大委托项目《基于主体功能区定位的精神文明建设研究》等国家级、省部级重大课题；编写《2013：重庆文化产业发展报告》《法治理论读本》《基层理论工作实务》等著作；在《光明日报》等国家级媒体发表《为人民提供更好更多精神食粮——关于加强文艺创作生产引导的调研报告》《加快发展重庆文化产业的七大对策》等论文。

高校校园文化建设成果文库

# 毓秀微风
# 构筑师生精神家园

樊　伟◎主编

光明日报出版社

图书在版编目（CIP）数据

毓秀微风构筑师生精神家园／樊伟主编．--北京：
光明日报出版社，2018.6
ISBN 978-7-5194-4243-9

Ⅰ.①毓… Ⅱ.①樊… Ⅲ.①高等学校—德育工作—
经验—中国 Ⅳ.①G641

中国版本图书馆 CIP 数据核字（2018）第 117464 号

## 毓秀微风构筑师生精神家园

**YUXIU WEIFENG GOUZHU SHISHENG JINGSHEN JIAYUAN**

主　　编：樊　伟

责任编辑：史　宁　　　　　　责任校对：赵鸣鸣
封面设计：中联学林　　　　　责任印制：曹　诤

出版发行：光明日报出版社

地　　址：北京市西城区永安路 106 号，100050

电　　话：010-67078251（咨询），63131930（邮购）

传　　真：010-67078227，67078255

网　　址：http：//book. gmw. cn

E - mail：shining@ gmw. cn

法律顾问：北京德恒律师事务所龚柳方律师

印　　刷：三河市华东印刷有限公司

装　　订：三河市华东印刷有限公司

本书如有破损、缺页、装订错误，请与本社联系调换

开　　本：170mm×240mm

字　　数：270 千字　　　　　印　　张：16

版　　次：2018 年 7 月第 1 版　　印　　次：2018 年 7 月第 1 次印刷

书　　号：ISBN 978-7-5194-4243-9

定　　价：68.00 元

# 编 委 会

主　　编：樊　伟

副 主 编：刘想树　马丙合

执行编辑：张治中　宋龙华　谢锦添

　　　　　吴　洁　胡红梅　张　旭

# 前　言

何为文化，为何文化？

沧浪嘉陵，汤汤百里南流；大江东去，滔滔千年不休。两江激荡，必有毓秀之处。智者乐水，水孕思想之明也。威哉巫山，削水耸云气魄；壮哉歌乐，不屈睥睨骄奢。群山峥嵘，必藏浩荡胸怀。仁者乐山，山予意志之坚也。渝都山濯水澈，自古人杰之处，又为英雄之城。法府西政，踞立山水之间，既有破云吐雾之锐意，又有源远流长之韧劲。法文化凝聚之处，在此一方。

《易》云：“刚柔交错，天文也；文明以上，人文也。关乎天文以察时变，关乎人文已化成天下。”文者，书写记述，化者，理解兼容。所谓文化，就是在记录、表达世间物理的同时，理解、包容这世界的特别和不同。大学正是为文化而生之地。

开山历险，辟一方清幽所；植梅栽兰，聚四海逐梦人。设台两三尺，论理讲学；开案百千张，著书立说。开坛授业逾一甲子，为中华法治育千万英才。居公职，则伸张正义开太平；居学府，则孜孜不倦继绝学。身居南远而能有此成就者，法学界恐无出西政之右。何以如此？博学也，笃行也，厚德也，重法也。若要创新文化、传承文化、发展文化，大学本身就该有浓厚的文化氛围。学子深处其中，才能耳濡目染，心领身行。

自西政立校以来，对校园文化的建设便始终不懈践行。集思广益，讲坛之热学界罕见；思想交锋，论辩之风独占鳌头。鼓励创新，崇尚荣誉，包容失败，力行自由。这样盎然的学风加之厚重的法学底蕴，使得校园文化历久弥新，西政的故事每天都有着新的内容。近年来，西政人倍感校园文化建设的重要，重视校园文化建设成为西政人的共识。创行创新，依托网络助力文化建设；弄潮逐浪，吹起新媒体之毓秀微风。力行至今，有所成就，故纂此集，以录前人成果。

本书共分四篇，以校训之“博学笃行，厚德重法”为篇名。博学篇，录西政学子近年在学术研究、国际交流、创新竞技、研读深思方面的成就；笃行篇，录师生团体在创业实习、体育竞赛、公益志愿、能力实践方面的趣闻;厚德篇,记广大师生在潜心治学的同时对道德文化修养的不懈追求;重法篇,记西政人不忘初心、在学术和实务上勇攀高峰的精神。文字万言,不足以描绘当下西政的全貌;文章百篇,也不足讲完西政日新月异的风采。但文字总是最好的传承者,希望当未来的西政人回忆如今时,能通过此书,或欣慰时光不负,或感慨前人艰辛,或发现治学旧事,或奋发砥砺前行。

　　值得一提的是,本书的文章中许多都是在读学子所作,他们或一时兴起,或有感而发,或酝酿已久,或笔尖杂记,而今也已经成为西政校园文化的一部分。大学的校园文化本就是为育人而生,依学子发展而长。学生成为校园文化的建设者,这既是西政文化的独特之处,也是西政精神的力量之源。

# 目 录
CONTENTS

# 01

## | 博学篇 |

　　学海无涯,在浩浩汤汤的学海中不懈求索一直以来是万千西政学子的梦。在追求知识的海洋中,无惧风袭浪涌,不拘一方一格,无畏学力尚浅,不甘微尝辄止,这就是西政学子一以贯之的求学精神。唯博学方敢言文化,大学校园文化之万丈高塔,是每一位师生孜孜不倦求学累积而成。在书案烛影下,在山水田园间,处处都是学习世间学问之处,汲取文化精华之所。博学广识不怠,文化源远长流。

【千帆竞发】

# 在"挑战"中接受挑战*

## ——第十三届"挑战杯"全国二等奖获奖队伍侧记

十年积淀,十年磨砺。2013年10月18日,西南政法大学参赛队伍以作品《地票制度中的农民权益保护——基于忠县、北碚区等地的实证研究》斩获第十三届"挑战杯"全国大学生课外学术科技作品竞赛二等奖。这是我校继2003年取得两项全国二等奖之后,再次取得该项荣誉。激动人心的喜讯背后,承载了民商法学院2011级夏晶晶、周晴川、黄琼、彭陈成、蔡毅、闫刚六位同学一年的辛劳。

## 师生同心　共研课题

"挑战杯"全国大学生课外学术科技作品竞赛(以下简称"挑战杯"竞赛)是由共青团中央、中国科协、教育部、全国学联和地方政府共同主办,国内著名大学、新闻媒体联合发起的一项具有导向性、示范性和群众性的全国竞赛活动,每两年举办一届。自1989年首届竞赛举办以来,"挑战杯"竞赛始终坚持"崇尚科学、追求真知、勤奋学习、锐意创新、迎接挑战"的宗旨,在促进青年创新人才成长、深化高校素质教育、推动经济社会发展等方面发挥了积极作用,在广大高校乃至社会上产生了广泛而良好的影响,被誉为当代大学生科技创新的"奥林匹克"盛会。

为了参加此次比赛,队员们在大一期间便着手准备。但成功总是来之不易,

---

* 本文作者:宋雨鑫　卢子颖

需要投入足够多的时间和精力。"我们选过很多题目，找过很多老师咨询，不断地查资料，最终在侯国跃老师和黄忠老师的帮助下确定以'地票制度'作为研究方向，将课题定为'地票制度中的农民权益保护'。"小组组长夏晶晶说，"地票制度在重庆诞生，考察调研有一定的地域优势。而农民权益保护一直是大家关注的焦点，有一定的现实需要和时政热度。"

课题确定后，小组成员开始了实质性的筹备工作。其中，最艰苦也是最关键的一项工作就是实地走访。"我们小组六个人，只有两个可以听懂重庆话。刚开始去农村走访，农民们不是很乐意和我们说话，发出去的传单也很难回收。"夏晶晶说。但是实地考察对于这一课题的研究是必不可少的，只有想方设法和农民沟通交流，才能获取有价值的第一手资料。"随着研究走访的不断深入，我们发现自己原先的许多观点是不成熟的甚至是错误的，需要不断地作修改。"

为了比赛，小组队员牺牲了几乎全部的课余时间，甚至有时候比赛时间与考试时间冲突了，也只得咬咬牙挺过去。夏晶晶透露，上学期限选课"公务员法"期末考试那天，正好是省赛答辩时间，让她非常纠结。

比赛对作品的要求非常严格，作为指导老师，侯国跃教授不厌其烦地对他们的作品提出修改意见，大至整体逻辑，小至格式标点，力求使作品功力扎实，无可挑剔。"现在有一部分学生比较浮躁，很难静下心来读书，更别说走进田间地头进行调研。他们能实地调研地票制度中存在的问题，这很好。而这些孩子为了调研甚至动用了自己的生活费，这让我很心疼。"侯国跃教授认为，大学教师应注重培养学生的创新能力，而非单纯地教学生应付各类考试。

正是凭借小组队员不懈的坚持与努力，以及侯国跃热心的帮助与指导，才使得他们的作品过关斩将，获得了重庆赛区的特等奖，取得了参加全国比赛的资格。

## 群雄逐鹿 问鼎苏州

省赛、网络初评、集中复评，两千多所高校、近两万件作品经过角逐，只剩440所高校、1135件作品齐聚苏州，争夺奖项。而西政作品在如此残酷的竞争中脱颖而出，不得不说是一种实力的体现。

金秋十月，在团委副书记李志和侯国跃教授的带领下，他们满载学校的希望踏上了前往苏州的旅途。10月12日，他们到达苏州，次日小组便开始了展览区的布置。"去苏州前，我们准备了展板、宣传单，原以为已经准备得很充分了，可是当看到其他学校的布展后,才发现与他们之间的差距。"周晴川说,"有的学校为了布展专门请人设计了宣传式样,还用了卡通人物;有的直接做出了模型供参观者观看;还有的直接在现场架起了投影仪、液晶显示屏,和他们一比,我们真的担心展出的效果。"

带队老师李志也深有同感:"全国总决赛可谓高手云集,各高校顶级队伍在此交锋。我校参赛小组在苏州的布展工作遇到很多难题,在展览方面确实不占优势。"

即使不占优势,队员们仍一丝不苟,认真细致地完成了布展的工作,从展台的架设,到宣传板的摆放,力求做到尽善尽美。正所谓酒香不怕巷子深,即便条件简陋,在14日的公开展览日上,许多专家学者及其他院校的师生也纷纷驻足我校展区,争相向同学们询问地票制度和农民权益的有关问题。

在比赛前夕,赛制的突变让整个小组措手不及。夏晶晶说:"比赛前的最后一天真的很辛苦,突然发现规则改了,大家都挺没信心的。但上午侯老师一直在训练我们的答辩,告诉我们如何改进,给我们打气加油。他的鼓励让我们重新燃起了勇气和信心。"到了晚上,队员们仍在不停地核对答辩的材料,演练答辩的环节,直至凌晨。15日,蔡毅和夏晶晶二人在馆内接受专家评审,蔡毅作为答辩者,认真地回答了评委的问题。"评审时,专家们毫不留情地指出我们作品中的不足之处,我们在仔细解答的过程中,发现确实仍有许多需要改进的地方。我们将总结这些来自师长的宝贵建议,将其化为自己的知识和能力。"功夫不负有心人,他们经过不断的努力和辛勤的付出,最终取得全国二等奖的殊荣。

面对荣誉,李志老师也有了更深的体悟:"我们已经有10年没有取得同类等级的奖项了,这次获奖,可以让学校领导、师生更重视'挑战杯',将经验代代相传,鼓励学生开动脑筋,学以致用,进一步提高我校在全国范围内的影响力。"

## 薪火相传　以飨后人

队员们普遍认为,他们在这次比赛中有优势也有不足,"希望可以给以后参加比赛的同学提供经验教训,让他们尽量少走弯路。"从准备阶段到全国总决赛,作为参赛者,师兄师姐们为勇于"挑战"的师弟师妹们提供了宝贵的经验。

"首先一定要尽早准备。确定题目是一个漫长的过程,往往选题就要费很多精力去翻阅资料、咨询老师。那些没有经过深思熟虑而仓促定下的课题往往是经不起检验的。"夏晶晶说，"其次，在选题上要注意课题本身的社会价值。我们也想过别的题目，但是经过综合权衡，发现黄忠老师研究的'地票制度'最有研究价值。"

虚心向老师请教是队员们总结的另一个经验。蔡毅打趣道："就是要厚着脸皮不停地去缠着老师。""黄忠老师在课题选择和研究方向上给了我们指点，在校内赛时还帮我们准备模拟答辩；侯国跃老师则一直帮我们修改论文，对我们要求非常严格。他本来很忙，还抽出时间陪我们到苏州参加比赛，这让我们非常感动。"夏晶晶说。

周晴川认为，学会"推销"自己的作品也非常重要。"布置展览区是非常关键的一步，要引起专家对自己作品的兴趣就必须把展区设计得主题鲜明。比如某高校关于'公租房'的展览区中直接就摆设了两个房子的模型，很是引人注目。"

在与其他参赛院校交流后，队员们也向学校提出了可供参考的建议：设立一个专门的机构给学生提供参赛指导，组织模拟答辩以让学生了解比赛规则；建立激励制度，为那些思维活跃、实践能力强的学生提供平台，鼓励学生发掘自身优势。

实践检验真知，通过"挑战杯"这一高水准的平台，同学们能将自己所学和社会所需真正结合起来，真正地服务社会、服务人民。希望学校从这一届"挑战杯"的成功中汲取经验，将其延续而成传统，在薪火相传中再造辉煌。

（本文原载于《西南政法大学报》2013 年 10 月 31 日总第 794 期）

# 千淘万漉虽辛苦　吹尽狂沙始到金*

## ——我校全国大学生数学建模竞赛二等奖获奖团队侧记

近日,在"2016 高教社杯"全国大学生数学建模竞赛中,由高锡蓉、卢凡香、殷卓丽、苏愉茗等十五名学生组成的五支代表队荣获本科组全国二等奖。这是学校参加全国大学生数学建模竞赛以来取得的一次重大突破,也是参赛师生面对众多困难,竭力奋斗、锲而不舍而获得的最终成果。

## 积极备战　无畏苦寒

与一般的比赛相比,大学生数学建模比赛对参赛队员的基本知识要求较高,这就要求参赛者必须接受系统的培训。2016 年夏天,如往年一样,经济学院韩振国、彭选华、陈志英、李永奎、郭晓乐等几位老师开始了全国大学生数学建模竞赛培训班计划。"这次的数学建模大赛'高教杯'决赛定于 9 月上旬,时间比较紧迫,所以我们 4 月份就开始面向全校鼓励学生报名了。"彭选华介绍,从 5 月 10 日到 6 月 10 日,整个培训过程历时一个月,周末仍全天上课。暑假期间,老师们推荐了一些相关资料让学生们自行学习,并在线上进行答疑解惑。

陈志英介绍说:"整个培训实行淘汰制,在校内有三次选拔赛,由教练组老师出题,按照比赛的模式,在三天的时间里,同学们要完成建模并写下论文。因为我们本身也是重庆组委会的评审专家,所以能够专业化地按照标准模式来评审。"彭选华表示,从培训到结业考试,每个过程都有人被淘汰,这其实是一件残酷的事,有不少同学没能够坚持下来,最终只能遗憾退出。尽管参加培训并完成学业是一

---

* 本文作者:黄淑愿　刘家宇　李旭日

件非常困难的事情,但仍有150余名学员排除万难,顺利通过结业考试。

在备战过程中,组队是至关重要的一个环节。本次比赛明确要求三人一组,同学们自行组队。"他们相互之间更为了解和熟悉,作为指导老师,我只需要提一下意见。"陈志英说。一朵鲜花打扮不出万紫千红的春天,百花齐放才显得春意盎然。同样,个人只是单枪匹马,众人才能移山填海,因此寻找好的队友对每一个参赛者来说都意义非凡。卢凡香说:"队友不是必须要找学习好的,而是要找肯花时间,能够坚持的。准备比赛有时压力会很大,尤其是对赛况毫无头绪的时候,队友会成为你坚持下去的理由。"因为小组成员中途有事,不得不重新

**2016 年竞赛现场**

寻找队友的高锡蓉介绍说:"不想参加的同学开始就没参加,所以很难找到新成员,最后冯彦斐同学加入了我们并负责编程。关于编程我们都没有基础,只能凭着一腔热血和初生牛犊的勇气做下去。"

经历一个月的集中式上课、枯燥的暑期自学以及残酷的模拟竞赛,师生们都身心俱疲。然而不经一番彻骨寒,怎得梅花扑鼻香?抱着"不管怎么样都要完成竞赛"的决心,参赛学子咬牙坚持下来,而当今天的他们捧着沉甸甸的奖杯回首过往时,那些曾经的苦寒无疑是值得的。


## 巅峰竞赛　突破极限


正式竞赛时,时间非常紧迫,参赛队伍要在规定的三天时间内,寻找思路、搜集数据并建立模型、完成20页以上的论文。

参赛选手面临的第一个难题便是建模思路的寻找。殷卓丽表示,理论和实际

结合很不容易,不仅需要花很大工夫去演算、构建模型,而且一定要综合、系统、全面地考虑它的实际运用情况。同样面临这一难题的苏愉茗小组,虽然在第一天寻找到很多相关论文,但没有任何思路突破。"虽然很着急,但在那种情况下,更要放松自己,保持平常心。幸运的是,我们第二天上午顺利想出了模型。"苏愉茗说。

其次是数据搜集问题。由于竞赛 A 题是偏理工性质的"系泊系统的设计",而 B 题的应用性开放性更适合文科学校参赛队,所以大部分同学都选择了 B 题"小区开放对道路通行的影响"。但问题也随之而来:关于小区开放的理论很容易找到,但是专业资料却较少,很难找到实用的数据。找到问题、整理问题、分析问题,经过认真思考和多次探索尝试,苏愉茗和高锡蓉小组都选择了运用一种仿真软件来解决这个难题。通过自学,他们掌握了这个软件,并且运用它画出尽可能贴近生活的地图道路,然后模拟出了小区开放的交通数据。

此外,参赛队伍还面临着计算机编程的巨大挑战。由于没有基础,他们只能尽力去消化老师课上教授的知识,然后再自学补充加以强化。而就在竞赛短短的三天时间里,他们仍然需要快速掌握一些必要的新知识,以解决层出不穷的难题,这对参赛队员的学习能力和适应能力都有很高要求。

正如彭选华所说:"给三天时间逼一下自己,不逼自己,你都不知道自己可以做出什么成绩。"竞赛期间,每一名队员都顶着巨大的压力,挑战着心理和生理的双重极限。高锡蓉在三天里甚至仅睡了 6 个小时,他感叹道:"在这期间我完全不想快点完成竞赛,反而希望时间慢一点。"

千磨万击还坚劲,任尔东西南北风。三天时间,凝聚的是数月的辛苦准备,是参赛队员的坚持和努力,也是培训老师的辛勤和期盼。参赛队员始终不言弃,咬着牙找思路建模型,顶着困意搜集数据写编程,他们挑战了身心的极限,突破过去的自我认知,终于没有辜负心中的信念。

## 斩获佳绩　永不止步

"这是学校自 2011 年起参加比赛以来获得的最好成绩,但是未来还有很大的提升空间,我们还需不断自勉,继续前行。"彭选华说。谈及获奖的原因,他解释说,大概是因为突破了以往报名仅面向经济学院的局限,这一次面向全校学生,充分利用了学生资源。同时,通过加强师生相互间的交流学习,指导老师的综合素质也有所提升。

参赛同学收到答辩通知后,兴奋、意外、惊喜、淡定……种种情感涌上心头。高锡蓉说:"当老师打电话告诉我们入围全国奖时,小组当天就高兴地约起了火锅。"苏愉茗则表示很意外,其实他个人觉得发挥并不如模拟赛好,但看了评分标准后,发现竞赛最重要的是要清晰地分好类,让别人明白你的思路,所以获奖也是有理可据。"最开始老师对我们小组是持怀疑态度的,我们也觉得自己很弱,当初都没有想到能够获奖。所谓天道酬勤,大致就是如此吧。"殷卓丽欣喜地表示。卢凡香则淡定地说,小组本来就是抱着拿奖的心态参加比赛的,她们认为不要被"数学建模大赛"吓倒,不一定是要数学很好,但是一定要有准备,要有信心。只要付出努力,拿奖并非遥不可及。

合影

大鹏一日同风起,扶摇直上九万里。喜人的成绩离不开参赛队员的坚持和勤恳,也离不开老师的指导和付出。在培训期间积极准备教程和习题,在竞赛期间一直悉心地安慰鼓励队员,为同学们遇到的每一个问题建言,为同学们取得的每一点进步骄傲,老师们的付出被同学看在眼里,更记在心里。

从参加培训到顺利完成三次模拟竞赛,再到最后完成竞赛,获奖者满载荣誉而归,其他参赛者同样得到了一次难得的历练。路漫漫其修远兮,这次在"数学建模大赛"上取得重大突破后,获奖师生并没有沾沾自喜。除了要备战考研、不能再参加类似比赛的同学,很多人表示意犹未尽,觉得为此付出时间和精力是值得的,甚至有同学已经报名参加了美国数学建模大赛。彭选华表示:"有优秀的学生,有丰富的经验,我相信我们学校能走得更远。"

正如刘斧在《青琐高议》中所写:"我闻古人之诗曰——长江后浪推前浪,浮事新人换旧人。"期待学校在未来的数学建模大赛上再接再厉,再创佳绩。

(本文原载于《西南政法大学报》2016 年 12 月 31 日总第 849 期)

**【砥志研思】**

# 机会总是留给有准备的人<sup>*</sup>

　　近日,西政新闻网上又登出了一条大新闻——西政两学子出版个人译著,即外语学院 2013 级本科生严华容翻译的《来份杂碎:中餐在美国的文化史》和 2015级翻译硕士研究生李睿智翻译的《阅读危机:在文学中认识自我和世界》均正式出版。常言道,机会总是留给有准备的人,作为在校大学生,能得到翻译书籍的机会,她们自然是有非凡的准备。那么,就让我们走近她们,去了解和探寻她们的翻译之路。

## 兴趣为师　充足准备获良机

　　"我自接触英语开始就对这门独特的语言产生了浓厚的兴趣。"严华容表示对英语的强烈热爱让她的学习充满热情,"因为有兴趣,所以我在生活中会刻意提升自己的英语能力。看外国文学作品我会尽量看原著,会观看一些纯英文的影片、纪录片,一直循环到我能够跟着它们的背景音乐随其解说,因为并不能完全理解,有时一小节片子反复观看二三十遍都是常有的事儿。"相较于严华容,李睿智则认为自己"爱上英语"的道路较为曲折,她表示,一开始学习英语,只是把英语当成了解西方文化的桥梁,因而会有意识地强迫自己去学习,但在后来的深入学习中,她慢慢对英语产生了兴趣。"我是在带有目的的学习中培养了兴趣。"李睿智如是说。兴趣是最好的老师,对英语的兴趣无疑是严华容和李睿智在英语道路上最好

---

　　* 本文作者:傅莜晴　李娜娜

<<< 博学篇

《来份杂碎》封面

的指引。她们将学习英语转化为快乐，在享受快乐的同时打下了扎实的英语基础。

机会总是留给有准备的人，对于严华容和李睿智来说，扎实的英语基础就是觅得良机的准备。严华容感慨地表示，自己在刚入大学时，就发现在这个云集了四面八方优秀才子的学府里，自己的英语并没有那么的突出，所以就需要花比别人更多的时间，付出更多的努力。"为了锻炼自己，我在大一的时候加入了一个网上的无偿翻译组织——字幕组，后来在大二时字幕组的负责人告诉我们有出版社找他推荐翻译，于是我想也没想就去报了名。"扎实的英语基础让她顺利通过了试译，编辑放心地将《来份杂碎：中餐在美国的文化史》交给了她。也许现在看来，那时她的勇敢稍显莽撞，但也正是因为那个无所畏惧的自己，让她有了翻译这本书的机会，同时开辟了属于自己的一条路。

而对于李睿智来说，能获得那珍贵的翻译机会，要感谢一位恩师。大四时，李睿智来到江苏省翻译协会实习。当时负责指导她的是吴文智老师，也许是扎实的英语基础，或是对于英语的认真，她打动了这位翻译界的前辈，作为丛书主编之一的吴文智将翻译《阅读危机——在文学中认识自我和世界》的机会给了她。"能翻译这本书本身是个不可多得的机会，我到现在都十分感谢吴老师的知遇之恩。"李睿智有些激动地说。


## 不畏坎坷　奋斗不息得胜果


在得到了珍贵的机会之后，严华容和李睿智就开启了翻译的新大门，然而这扇门后的道路却并不平坦，准确理解原文就是第一道坎。"我所翻译的书的内容很杂，美商来华史、鸦片战争、美国排华史、中国苦力在美国的血汗史、山川河流、鸡牛羊、多种鱼类、祭祀乃至中国农家的灶台，作者都一一论述了一遍，所以就要下很多工夫查资料。"严华容表示，自己不仅要去查其中的背景，还要留心一些有用的表达，以便把握翻译的基调。同样，李睿智也需要在翻译过程中不断地给自己"补课"。她所翻译的书里介绍了很多部文学作品，虽然这些文学作品她大多都看过，但是理解得还不是特别深刻。为了尽可能地还原原文，她把书里介绍的文学作品认真地读了一遍又一遍。"语言是日新月异的，不管学了多少年，还是会觉得自己有很多不懂的地方。对我来说，阅读就是解决的办法。"

如果说理解原文是第一道坎，那么准确表达就是翻译的第二道坎。在这方面，李睿智有很深的体会："文学类的翻译不像科技类的翻译只要忠实于原文，还要懂得衔接和润色。在翻译过程中，我常常觉得自己在文化修养方面有所欠缺，因而要不断地学习揣摩如何润色文章，让读者更能享受于文字之中。"

事实上，翻译整本书的路，不仅仅是跨过"理解原文"和"准确表达"两道坎就能走完的。对严华容来说，查找材料绝对是十分令她头疼的另一道大坎。"我所翻译的书里第三章中许多内容引自中国的古书，如《黄帝内经》，袁枚的《随园食单》，束皙的《饼赋》等，原书中

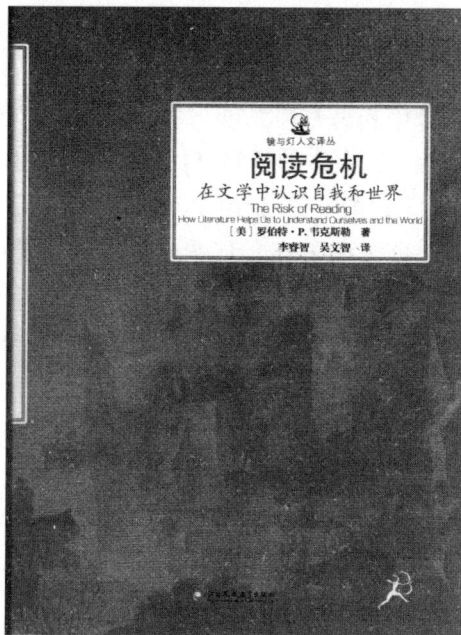

《阅读危机》封面

这些引用的部分都被翻译成了英文，但在接触到这本书之前，我连束皙是谁都不知道。《饼赋》的创作又开始得很早，网上也不容易找到原文。"即使这样，严华容也毫不气馁，积极通过各种渠道寻找资源，所幸后来联系到一位古文学博士，在他的帮助下才得到了完整的《饼赋》电子稿。严华容表示，有一些资料自己实在无法查到，还是编辑花了很多工夫才找齐。

经过了一段时间的辛勤工作，两人终于得到了自己的战果——李睿智翻译的《阅读危机：在文学中认识自我和世界》由江苏凤凰教育出版社于1月出版；严华容翻译的《来份杂碎：中餐在美国的文化史》由北京时代华文书局于3月1日出版。谈起翻译之后的感想，严华容表示每次到了对稿的时候，等待编辑审稿回复的那两天是最难熬的，总是怕自己翻得不够好，所幸编辑都挺满意的，"当译著出版后，心情是比较平静的，因为会觉得一切都是水到渠成的事。"而最终定稿之后

李睿智则是兴奋的，"但这种兴奋有一部分是因为我很高兴这本书它出版了，另一部分是因为我觉得自己很好地完成了一个使命，没有半途而废。对我来说，努力的过程比结果更重要。"

## 感恩鼓励　思己所获望远景

事实上，在翻译的征途中，要越过重重关卡到达目的地，除了自己的坚持，别人的鼓励也是一种力量。谈及这方面的感受，严华容亮出了聊天记录中编辑发给她的话，诸如"翻译得不错，继续加把劲""读着真有意思""一开始就很喜欢你的译文"……严华容表示，这些字句都是支持她的力量。除此之外，严华容还特别提到了李奉栖老师，"正式开始翻译这本书时，我们还在上翻译课，我的翻译技巧还很稚嫩，李老师教会了我很多，比如尽量不要去改变原文的次序，遇到绕的句子怎么一个个理清等，给了我很大帮助。"李睿智则想到了自己的室友，她有些激动地说："翻译时，常常在寝室一坐就是半天，有时难免会觉得有点烦躁，室友们就会在精神上鼓励我，让我加油坚持下去，我很感激她们。"

诚如李睿智所言，翻译的过程就是学习的过程，两人都在翻译过程中收获到了不少东西。严华容说，在将近一年的翻译路途上遇到一个又一个困难，却始终没有放弃，这本身就是一种收获。"我懂得了越迷茫的时候越要多尝试，停步不前是最可怕的。尝试之后，兴许就会出现转机，不到最后一刻一定不要放弃。"李睿智则表示在四个多月的翻译过程中，自己在英语学习方面得到了许多感悟："在翻译的过程中，我顺着原文不断地探索原作者思考的痕迹，在翻译过程中更深地体会到中国人与外国人思维的不同，以及语言上中西方文化的差异性。"

外语学院李睿智

经过这一场翻译之旅的洗礼，未来的道路如何去走也成了两人要思考的问题。在这方面，大三的严华容对未来要走的路还没有完全定下来，她表示接下来首先要进入学习模式。"翻译这本书虽然收获不少,但是因为花费太多心神,没有读太多书,现在已经列了几十本书的书单,打算好好读完。"已经研一的李睿智则对未来有较清晰的把握,"我所学的是法律英语,所以以后可能会从事法律翻译事务,但目前也在努力提升自己的学术能力。英语这门语言,我觉得如果泛泛地去谈的话,自我提升的目标就不够明确,所以还是下苦功去学专门领域的比较好。我们学院的老师在法律英语这方面都很优秀,尤其感谢我的导师张绍全教授对我的指导,在他的带领下,我希望自己能在这方面有进一步的提升,从而能够在法律英语这一领域学有所成。"

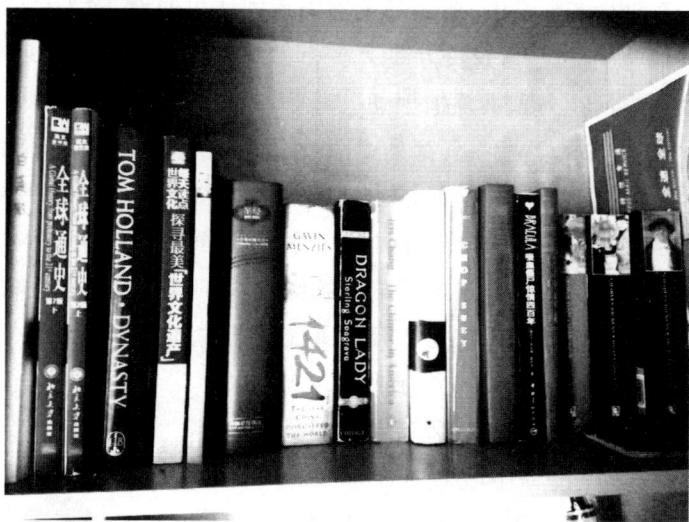

严华容的小书库

萧伯纳曾说过:"在这个世界上,取得成功的人是那些努力寻找机会的人,如果找不到机会,他们就去创造机会。"严华容与李睿智正是凭借着自己的实力去寻找机会乃至于创造机会的人。在她们身上,闪耀着西政学子"诚毅博勇"的光芒,她们不断尝试,走过了困难的荆棘,翻越了迷茫的险峰,迎来了胜利的果实,这种精神值得每一个西政人学习。

(本文原载于《西南政法大学报》2016 年 4 月 18 日总第 836 期)

# 凝思求真理　以理传心声<sup>*</sup>

业精于勤荒于嬉,行成于思毁于随。在信息日益繁杂的现当代,独立思考的能力对于大学生的重要性与日俱增。近日,刑事侦查学院 2015 级本科生林曦在未来网首届全国大学生评论征文比赛活动中以《弄虚作假招致群情激奋暗示制度"虚置"》一文斩获一等奖,政治与公共管理学院 2015 级研究生李言获得微信最佳人气奖。他们行思坐想,以理服人,化翩翩文采为大学生发声,展现了勤学善思的西政学子风采。

## 直面困难　勇于挑战

罗马非一日建成,成功也非一蹴而就,获得成就总要经历各种各样的挑战。于林曦而言,在大学之前他就接触过评论文章。"刚开始写评论时,会发现自己思想有些偏激,缺乏理性。"林曦说,"经过一段时间的积累后,我发现自己看问题会更加注重思考的理性。"林曦以前给中国教育报社新媒体投过稿,但是常常不被录用。"后来自己进行了一些反思,了解到自己的文章有两大问题:一是行文结构的问题;二是对新闻的观察不够深入,流于表面,导致前期评论较大众化。"在成为政法大学的学生后,在学科的助益下,林曦看待问题有了更为独特的视角,除了朴素正义之外,还有很多在法律专业方面需要思考的地方,法律意识的产生让他的评论慢慢有了"法律化"的特色。"随着思考的深入,我逐渐懂得以多角度和创新的思维分析问题,逐渐能够把握事件的主要矛盾,于是我的文章受到越来越多报刊的肯定。"

---

\* 本文作者:张晓茜　陈艺元　田以琳

和林曦不同的是,这次未来网征文是李言第一次写评论文章。谈起参加活动的原因,李言笑着说道:"主要是想尝试一下,毕竟不能局限于一种写作范式。"虽然她对评论文章的格式问题不太清楚,但也并没有因此轻易放弃。"虽然第一次写评论文章,难以把握写作模式和找关键点切入评论角度,但我结合了老师上课讲授的经验,又请教了接触过评论文章的同学,学习了如何布局全文和搭建结构框架。"由于经验不足,她找来了大量的文献,通过总结这些评论文章的行文结构来摸索评论文章的结构规律,慢慢总结出评论文章的要点,最终获得了未来网评论文章最佳人气奖。

林曦

能够挑战新事物,本身就是一种勇气,而若能直面新事物带来的困难,更是需要韧性与坚持。冰冻三尺,非一日之寒;为山九仞,岂一日之功。正是因为林曦和李言有着勇于尝试新事物的勇气并且能够坚持去做,才闯出了一片属于自己的新天地。

## 理性思考　针砭时弊

评论文章的写作是一个从量变到质变的过程。经过沉淀与积累,评论者逐渐形成了自己的风格与特色,对社会生活中所存在的许多问题也有了自己的看法与观点,然后才能通过理性的思考分析事件,从而引起社会共鸣。林曦和李言正是以他们鲜明的观点与深入的思考吸引了评委和读者的关注,让自己脱颖而出。

林曦认为,西政有两大特色,一是务实文化,一是论辩文化,他自己写的评论文章大多体现了论辩文化。"评论特别讲究理性与批判,但是现在很多评论只是主观的批判,丢掉了理性。有的评论只是为了批判而批判,这就是不理性的表现。"林曦认为,之所以很多人写的评论文章漏洞百出,就是因为他们只是单纯地提倡思考和表达,却没有理性地思考和表达。"我写评论就是为了让更多大学生了解我的思考,培养自己以不同视角看待社会的能力。"在林曦的获奖作品中,他从一个校园评奖的丑闻出发,以连续发问为引,从行政管理干预过度和操作程序不透明两个方面探讨了校园评奖制度弄虚作假这个问题。他抓住问题的本质,理性质疑并提出自己的见解,充分体现了他思想的深度和看待问题的全面性。

能够做到这一点,归功于他平时善于思考。刑事侦查学院 2015 级本科生洪珊珊与林曦合作过一篇小论文,她认为,林曦是一个很善于思考的人,而且他的很多想法都比较新颖,能够跳出传统观点。

"这跟他长期写评论有很大关系。他希望以自己的力量带动更多人做一些新的尝试,一直在身体力行实践西政'传帮带'的精神。合作过程中,我发现他写文章不拘一格、敢于尝试,这给了我很多启迪,我很感谢他。"

李言则比较注重文章的布局框架,她的文章结构清晰、逻辑缜密,颇有自己的一番理性见解。"写评论要注重框架布局,要体现自己

李言

的价值观,展现自己对事件的衍生思考。"李言表示,自己在平时十分关注民生问题,也更关心这些问题的解决方法,这是她评论文章的一大方向与特色。"我关注民生是因为民生与政府、社会、群众紧密联系,与之相关的问题更加普遍。"民生的发展关系到国家中的每一个人,评论民生问题,更能触动大众的内心。

"李言是个特别勤奋、多才多艺的学生,得知她获奖时,我非常高兴,这是对她自身能力的肯定。"政治与公共管理学院 2015 级辅导员曹丽如是说。除了自身的勤奋好思外,李言业余时间更多地花在关注民生上,另外,在平时的课题和研究项目上,研究生导师邹东升和范履冰的教导对李言帮助也很大。

# 勤学好思　吾共勉之

没有坚实的基底,建不起巍巍大厦。写作也同样如此,林曦和李言语言的深度和言辞的犀利程度,离不开长期学习的积累;他们看待社会问题的独到视角,离不开平日里思考的习惯;他们撰写的深入剖析社会现象的优秀评论文章,离不开他们心中追求理性的火苗。他们将平日学习与思考的心得融入笔墨,缓缓书写,用文字呼吁人们关注社会上存在的现象;他们以笔为扩音的媒介,发出了自己作为当代大学生的呼声。勤学好思,以理服人,是林曦和李言共有的品质,这种品质凝成了他们打开成功之门的钥匙。

"沙漠里的脚印很快就消逝了。一支支奋进歌却在跋涉者的心中长久激荡。"勤学好思群体中的每个人,都是一支支奋进的歌,他们高唱着、前进着,感染着身边的人,为大学生群体指引前行的方向。"大学生群体要学会多思考,写作需要一种思维的积淀,这种积淀的来源非常广阔,政法院校是特别有优势的,法学研究的对象本就是包罗万象的社会生活,从法律人的角度去思考,总会有独到之处。"林曦认为,"西政文化中有一种'心系天下'的精神,这种精神是我们大学生需要继承的。法律的经验性大于逻辑性,但是这种经验性需要通过对社会现象,尤其是社会热点问题的剖析,才会获得深厚的积累。"

在西政校园里,到处可见勤学好思、心怀天下的学子,林曦、李言只是这个群体的缩影。他们时刻铭记着"学而不思则罔,思而不学则殆"的古训,努力使自己成为一名勤于学习、热爱思考的当代大学生。

（本文原载于《西南政法大学报》2017 年 3 月 18 日总第 852 期）

# 学霸是怎样炼成的<sup>*</sup>

"听说首届校长奖学金已经评出来了。"

"校长奖学金？"

"就是那个一万的奖学金啊！一万啊！比八千的国家奖学金还多两千呢！"

"这……这么多！那肯定只有一两个人可以得到吧。"

"不不不，全校一共有三十五个人得到了。"

"唉，我要也是那三十五分之一就好了……"

殊不知，虽然一万元的奖金令人心驰神往，但是能让学校"痛下血本"斥三十五万"巨资"奖励的同学也不是等闲之辈，否则这个奖学金不就没有含金量了？想要拿到一万元，首先你得学习好。所谓得校长奖学金者，必先"专业能力突出，学业成绩优秀，必修课的平均成绩达到九十分以上"。是不是只能看着自己低分通过的成绩单仰天长叹一声"心好累"了？当然如果你必修课平均分没有达到九十分，但如果你是一个"名人"，你为学校发展或社会声誉提高作出了突出贡献，那么你也可以抱得万元归。如果上述条件都不满足，那么恭喜你离校长奖学金又远了一步。不过，"条条大路通罗马"，你还有最后一个机会，那就是获得过四次以上一等综合奖学金。看到这里，如果你是一个学渣，大概只能故作潇洒："这一万元我不要了，谁爱要谁要，我让给他了。"

所以，能够得到这一万元的人，必定是"学霸中的战斗机"。下面就让我们走进他们的世界，去看看学霸们如何"飞得更高"。

---

＊ 本文作者：田媛媛　杨祖贤

# 书山有路勤为径

古语有云:业精于勤荒于嬉。勤奋,是那三十五位同学身上最显著的特质。

"我是从外语学院转专业到民商法学院的。"严明敏笑着说,仿佛转专业是一件和吃饭睡觉一样轻松的小事,然而一旁的张梦珠却揭露了背后的真相:"他们转专业过来的特别'惨'。"同样身为校长奖学金获得者,和严明敏同在民商法学院的张梦珠对严明敏十分佩服。张梦珠说,大一下学期转专业过来的同学,需要参加重修考试,而重修考试的时间和期末考试非常接近。在期末考前一周,大家备考最为辛苦的时候,转专业到民商法学院的严明敏还需要备战重修考试。然而,即使在这种双重压力下,严明敏仍旧获得了那一学期的一等奖学金。

"他们转专业到我们学院之后把我们都吓着了。"张梦珠笑着说,"他们个个都是学霸,转到我们学院之后,考试总是名列前茅,给我们很大的'冲击',我们想拿奖学金都变难了。"严明敏也笑了:"有'冲击'才有激励嘛!"

转专业后的调整与适应十分辛苦,因为进入一个全新的专业开始深入地学习,需要付出更多的汗水和努力。严明敏告诉我们,她几乎是靠自学通过了重修考试。

除了学习勤奋,两位校长奖学金获得者,在提高自身综合素质方面,亦是十分勤勉。张梦珠担任了年级组织总班,时常为了年级活动而四处奔波,"大一时

张梦珠:开朗型学霸,喜欢人际交往

主要忙着年级工作,筹备活动,而大二时,我选择出去旅游,开阔视野。"说起自己充实的三年大学生活,张梦珠显得有些滔滔不绝,"到了大三,主要就开始专攻英语,业余时间扩大课外阅读量,同时开始准备司考。"严明敏则有着学霸所特有的"光环",在大一时,她便以学业成绩排名年级第二、综合测评成绩排名年级第一顺利转入民商法学院。在专业转换之后,她依然热衷于参加各类活动,后来还担任

了爱心社的副社长。在校外,严明敏还有着一份兼职——英语家教老师。

何为真正的学霸?真正的学霸并不是一头扎在学习上,两耳不闻窗外事,而是学业和综合素质齐头并进,如张梦珠读万卷书不忘行万里路,严明敏兼顾综合素质与学业成绩的发展。哪里有学霸,哪里就有他们勤勉的传说。

# 已到凌云仍虚心

谢学哉曾说:"见多识广有本领的人一定谦虚。"这句话用在获得校长奖学金的同学身上,当是再恰当不过。

"我能获得校长奖学金,其实是凭着好运气。"这句话,无论是来自民商法学院的张梦珠与严明敏,还是来自法学院的季旭,都不约而同地说过。

季旭说,她能拿到四次一等奖学金,得到校长奖学金的参评资格并顺利获得表彰,是因为她比较幸运。"其他人考得都挺不错时,我的综合测评就比较高,而他们综合测评都很理想时,我的专业成绩又碰巧还可以。"然而,不积跬步无以至千里,优异的成绩是学生平时学习努力程度的反映,并非一蹴而就。学霸口中的"碰巧还可以"不过是一个谦辞,并不仅仅是我们所理解的"好运气",更离不开坚持不懈的努力。综合测评的成绩,同样也是辛苦得来的,并不像季旭说的那般轻松。这两点,从季旭的经历中便可知道。

季旭:玩乐型学霸,自称靠运气存活,与其他人画风不一致

除了担任各种学生职务之外，季旭还曾是辩论队的一员，早出晚归地与队友一起训练是家常便饭。"其实我不怎么喜欢辩论，但我爱辩论队。"季旭还有着一个十分亮眼的经历：曾到台湾著名综合性私立大学——东吴大学，做为期一年的交换生。

谈起自己的经历，季旭并不自傲，"其实还好"是她最常说的一句话。无论是前往宝岛交换的经历，还是她在校内担任的各种职务，甚至是谈到她获得此次校长奖学金，她总是在所有描述之前，谦虚地加上一句"其实还好"。这并不是假意的故作自谦，而是季旭真实想法的表达。关于她的经历，她必然是以此为傲的，但却并不以此自满。所谓"谦虚使人进步"，季旭能够这样优秀，与她谦虚的性格是分不开的。

## 笑脸相迎天下事

关于季旭，辅导员邓北燕老师是这样评价的："季旭是一个对生活充满热情的人，最特别的是每次看见她，她脸上都带着笑容，身上充满着活力，似乎生活中没有什么让她烦心的，而她也能将这种正能量带给他人。"确实，季旭的笑容，拥有极强的感染力，让人感受到她发自内心的对生活的热爱，和对未来的憧憬。

季旭并不是个例，无论是张梦珠还是严明敏，她们都有一个共同的特点——爱笑，她们的言谈举止中，总是流露出一股积极向上的能量。

积极与乐观，这两种优秀的品质，在季旭身上体现得尤为清晰。"在参加东吴大学交换生的面试后，过了很长一段时间，我都没收到邮件回复。"季旭说，"我估计是落选了，我想没选上就没选上吧，谁知道过了一段时间，突然又收到邮件回复了。"而在谈到校长奖学金时，季

严明敏：偏传统型学霸，善良软萌，唯一一个脱单受访者

旭也表达了同样的心态："就算评选不上也没什么。"坦然面对预期中的失败，这颗乐观积极的心，让人心生无限感慨。对于季旭来说，失败从来不是她的枷锁，不会束缚她，只会让她向着更优秀的方向越走越远。

严明敏同样有着积极的心态。大二暑假的集中实习时，她被分到了一个忙碌的基层法院，每天整理卷宗和观摩庭审，这在很多人看来是枯燥无味又烦琐的工作，但她并未因此抱怨，"在基层法院确实比较辛苦，但可以让我得到更多的锻炼，可以让我掌握更多实务经验，学以致用。"

张梦珠亦是开朗积极的。从我们开始采访，她便一直在笑，无论谈论什么话题，笑容都未从她脸上消失，仿佛对一切事物都饱含着热情。即使是谈到考研和司考这种大家"谈之色变"的话题，她仍是喜悦的神色。"笑一笑十年少"，爱笑的人总是活力无穷，永远带着微笑的张梦珠就像无所畏惧的登山者，无论怎样的险峰都将被她踏平。说到这里，你明白自己跟这三十五位学霸之间的差距了吧。虽然校长奖学金看似只对学习成绩要求严苛，其实不然，学习好的人其他方面也不会差。在这个追求综合素质的时代，"书呆子式学霸"之路已经行不通了，现在的学霸不仅成绩好，性格好，长得好看而且还要多才多艺。当然，学霸也不是跟我们有着云泥之别，他们也是普通人，他们也有自己的缺点和不足。或许我们无法拥有学霸那样耀眼的成绩，但我们可以拥有他们乐观的态度和勤勉谦逊的品质。

做自己心中的学霸，自己奖励自己，有何不可？

（本文原载于《西南政法大学报》2016 年 3 月 18 日总第 834 期）

【负笈游学】

# 漂洋过海来看你*

## ——记西政学子美国德雷克大学之旅

　　九月的爱荷华州，蓝色的天空上点缀着几朵白色的云，温暖的阳光铺洒在绿茵茵的草坪上，一群中国学生在草地上跳着闹着，三三两两地拿着手机拍照，笑声在整个草地上回荡。这群学生是漂洋过海，不远万里，前往美国德雷克大学进行交流学习的西政学子。

德雷克大学法学院

　　作为卓越法律人才的培养要求之一，国际法学院副院长宋渝玲、2014 级辅导员亢婧和科研秘书段辉艳带领一支队伍来到了大洋彼岸的美国德雷克大学。这支队伍由国际法学院涉外法律实验班及其普通法学班的学生组成。在这次学习交流中，国际法学院与德雷克大学法学院签署了《协同创新共建教育部法律人才教育培养基地协议》。这份协议的签署使得西南政法大学与德雷克大学在涉外法律人才培养合作方面又上了一个新台阶。"在我们为他们提供优秀本科生攻读 LLM 学位的同时，对方也将给我们提供丰厚的奖学金和免学费交流生名额等。"亢婧介绍道。这次为期一个月的美国德雷克大学学习交流之旅，只是国际法学院涉外法律人才培养项目之一，之后还

---

　　* 本文作者:毛紫雨　陈萱

会有两校学者进行访问交流。"与美国德雷克大学的交流,除了加强两校的合作外,也开通了提高西政师生眼界的渠道,使我校能以更加国际化的视野和胸怀进行法律人才的培养。"宋渝玲如是说。

为了开阔西政学生的眼界,项目负责人 Russell Lovell(罗索·洛弗尔)教授为同学们设计了专门的课程安排,从初探美国司法制度到全面学习和对比中美商事、刑事法律制度,同学们深切地感受到了中美文化的差异与和谐。"Country roads take me home,to the place I belong(故乡的路,带我回家吧,回到我期盼已久的归宿)……"伴随着 Russell Lovell(罗索·洛弗尔)教授和学生们的歌声,一节美国刑事诉讼法拉开了帷幕。"每次在课前或者快下课的时候,Lovell(洛弗尔)教授就会邀请大家一起唱歌。我觉得这是种很别样的课堂体验,让我们可以在一种很轻松愉悦的氛围里学习。"国际法学院 2014 级涉外法律实验班戴若云感慨道。除了 Lovell(洛弗尔)教授外,戴若云还谈到了另一个主讲公司法的教授 Walker(沃克)。"Walker(沃克)教授本是一个很严肃的人,但每当他在讲案例的时候,他就会改变自己的语调和语气,这样课堂就变得特别有趣。"谈起中西方课堂差异,同班的钟颖也感慨颇深,在她看来,国外的课堂更注重实践,老师用三天的时间给他们讲了陪审团审判的内容,然后就带领他们去法院旁听了两天完整的陪审团审判。她认为,西方采取的精英式教育使得师生沟通更加密切,老师对学生的培养也更加精心,"在德雷克大学的一个月里,我和寄宿学校的麦考德教授结下了深厚的友谊。他周日带我去参加了他所信奉的路德教的礼拜,还送了我一本《圣经》,这让我觉得很温暖。"

**师生合影**

西政的学子不远万里来到这片土地上，欣赏着爱荷华的蓝天和白云，感受着阳光和风，每天都接触着各行各业不同的人，在与他们的交谈学习中，体会异国的文化和风情。这一个月里，他们被安排造访了当地的著名律师事务所，与外国律师讨论学习。"在和他们的交谈中，我认识到作为刑辨律师，一定要充分取得当事

同学们在庭审结束后与法官合影

人的信任，尊重当事人，和当事人沟通，做好庭上的配合。"钟颖感悟道，面对强势的公诉人，律师一定要勇于发表自己的观点，少说废话，直面法官的问题，而且她发现公诉人和律师虽然在庭上是对手，但私底下却经常谈笑风生，互相交流经验。除此以外，学校还安排他们去了当地最大的新闻报社 Des Moines Register（得梅因纪事报），参加了报社当天的选题会，体验了在这个拿过 13 次普利策奖的报社里当一名记者的感受；他们还去参观了世界五百强的保险公司，种子化工企业法务部，州长办公室等。这些游学经历极大地开阔了他们的视野，也影响了他们的思维方式。"我觉得这些经历让我对自己未来的职业选择不再像过去那样局限，学法不代表以后就一定要成为一名律师，比如爱荷华州的州长就是德雷克大学毕业的法学生，我以前的目光太狭隘了。"钟颖如是说。

同学们与爱荷华州州长交流并合影

古语有言：读万卷书，行万里路。这些西政学子漂洋过海来到爱荷华，他们看到美国的法学教育，看到爱荷华的风光，他们亲身感受着西方的精英式法学教育，也体验着外国的生活风貌。这不单单是一场学习之旅，更是一场心灵之旅。周日的时候，教授会带着他们去集市感受普通市民的生活。"集市上，市民们会把自制

参观曾接待过习近平主席的金伯利农场

的商品拿出来卖，在每个街角都会有乐队演出，还有些流浪艺人懒洋洋地晒着太阳，拉着手风琴。当我们在集市穿梭的时候，我仿佛真的将自己融进了这座城市。"国际法 2014 级农卡嘉回忆道。除了逛集市以外，周末的时候，他们还常常和当地的美国学生一起玩桌游，一起煮饭，"我们特地从国内带来了很多火锅底料和老干妈，一到周末我们就会去超市买点蔬菜，邀请教授和美国同学一起烫火锅吃。"戴若云笑道，美国同学也不会白吃火锅，他们会教大家做布朗宁。由于来美国交流，今年的中秋，戴若云和她的同学都是在德雷克大学度过的，而这场异乡的中秋晚会给他们留下了美好的回忆。在明亮的月光下，农卡嘉弹着吉他，深情地唱着《I'm Yours》，演唱过程中，随着舒缓的音乐在人群中响起，一旁的美国师生和当地华人也深受感染，一起唱了起来。"这次交流的主旨虽然是学习美国法律文化，但我觉得我的收获远远不止这些，在这一个月里所收获的友情更令我难以忘却。"农卡嘉如是说。

美国法律制度课堂

这些年轻的西政学子，漂洋过海来到异国，用一个月的时间去看这个国家的法律制度，感受这个国家的风土人情。爱荷华州的阳光很温暖，每一处风景都适合拍照，每一条街道都有吟游诗人在歌唱，而爱荷华州的师生如同它的天气般明朗暖人。学习，从不仅局限于书本，你

走过的土地,喝过的美酒,见过的人,都是你所收获的知识。这场异乡的游学之旅,用其独特的魅力和感人的情谊使得这些年轻的灵魂更加丰盈,追逐梦想的脚步也更加坚定。

（本文原载于《西南政法大学报》2016 年 10 月 31 日总第 845 期）

# 跨越赤道　带你遇见悉尼[*]

## ——和涉外法律人才实验班聊聊悉尼访学的那些事儿

当地时间 3 月 8 日中午,国际法学院 2013 级本科涉外法律人才实验班 31 名学生飞抵悉尼,开启了他们在悉尼科技大学的短期交流学习之旅。这是学校首次纳入人才培养方案的有组织的成批交流活动,也是培养涉外法律人才的一个重要环节。经过 21 天的学习,实验班的同学们在 3 月底已经全部返校了,让我们来听听他们在两万里之外的学习感受吧!

### 课堂篇 > > >

---

[*] 本文作者:罗建强　王诗莹

胡安琪

国外的法学教育,讨论与提问充满着整个课堂。在这里,每个人都是主角。与公司法的接触是最为短暂而漫长的五天,公司法在柯林教授画图配文字的讲解之下生动无比;小组讨论,热烈投入,活学活用。

课堂让人感觉很轻松,自己知道一点点就可以去尝试回答问题。偶尔没有人和老师互动时,老师会讲讲笑话解围。

谢珺

## 老师篇 > > >

教授 sam

柯林教授

姬尔教授

教我们普通法原则的老师是萨姆, 他是一个知识渊博且幽默风趣的黑人教授, 让我印象深刻的是,他非常尊重我们的发言。

黄静

胡安琪

柯林教授中文说得十分流利,高瘦的身材,走起路来会左右摇摆,有种萌萌哒的感觉,但课堂教学却非常严谨。

当我们见到姬尔教授的时候，第一感觉就是气质高贵、稳重亲和，有好听的英式口音。很享受和她在一起的时光，总能够学到许多新东西。

黄静

## 校园篇 >>>

走在悉尼科技大学和悉尼大学的校园里，看见的是风格外形各异的学院楼，图书馆内也摆放着各种贴合人体、设计人性化的沙发，供学生休息。不得不感慨外国人思维的灵活和大学生活氛围的自由。

陈琛

一进图书馆大楼，完全被舒适的环境吸引，螺旋式的楼梯，舒适的躺椅，圆形的讨论区域里有柔软、温馨的坐垫；桌子上摆放着插座，方便同学们上网；一层的右侧有饮用水提供，旁边还有微波炉。

黄静

## 生活篇 > > >

煎牛排

在萨姆家聚会

在这里，我们不仅展示了自己的厨艺，还品尝了澳洲的中国菜、韩国菜、日本菜、泰国菜，一直想尝地道的澳洲菜，但是本地人却说并不存在澳洲特色菜，倒是中国、泰国餐馆十分受欢迎，我感受到了不同文化的交流与融合。

黄静

很感谢这次出国交流让一个班的同学住在一起，我们有了更多交流感情了解彼此的机会，然而遗憾的是正因为生活圈子里依然是同班同学，我们缺乏和本地人的直接沟通，因此对国外的生活方式以及思维习惯了解不多。

陈琛

还记得某一个周六，我穿过马路，步履不停，一辆车意外地停在斑马线附近。司机是一个笑眯眯的老头儿，看我不解，便伸手作出"请"的手势，我顿时温暖备至。

胡安琪

# 还想说 > > >

从未高喊过肉麻的爱国主义口号,但是我真的真的渴望看到中国的环境变得更好,无论是自然环境,还是法治环境、人文环境,我愿意为之付出自己微不足道的努力。

谢珺

在悉尼的 21 天,最庆幸的事情不是学到了多少法律知识,而是心变得更大,眼光变得更远。视野和眼光常常影响一个人当下的生活,看不见未来的人迷糊着就度过一天,想得更高更远的人清楚每一天每一步都是为自己将来奠基。

陈琛

我只知普通法的一二,我还不够了解他们的生活,我还有风景没有看过,我还有许多话没有说……美好的经历总是急促而短暂的,再见啦,悉尼!

胡安琪

# 小贴士 > > >

如果你碰巧在悉尼,碰巧在厨房炒菜,又碰巧失手炒出了糊味……房间里的检测器一旦发出警报,消防员叔叔就会立即出动,出动一次付费就高达 1250 澳元哦(默默乘以五换算成人民币吧～)。

(本文原载于《西南政法大学报》2015 年 4 月 18 日总第 818 期)

# 留学生:西政有你更精彩[*]

　　近日,学校颁发首届来华留学生校长奖学金,让我们把目光聚集到了留学生身上。留学生是西政大家庭的重要成员,课堂上、图书馆、球场上,留学生的身影构成了西政校园一道道靓丽的风景线。世界各国的学子齐聚西政,为西政带来异域文化的同时也被中华文化所浸润,这样的多元文化碰撞为西政的校园生活注入了一股活力。西政大家庭因这些优秀外国留学生的融入而增光添彩。

　　当前,学校正在创建"双一流大学",大力推进开放办学,提升国际交流合作水平。为进一步优化留学生结构,提升学校国际化水平,学校将招收外国留学生作为"引进来"的重要措施之一,为此,来华留学生校长奖学金应运而生,其设立宗旨就是为了激励世界各国学生来西政学习和研究,奖励品学兼优的在校留学生,加强对外交流与合作,扩大留学生的招生规模。

　　留学生校长奖学金的评比是对留学生各方面素质的全面综合考量,要求留学生在我校期间学习勤奋,学习成绩、科研情况名列前茅,学年平均分数达到80分;同时积极参加各种校内外活动,获得师生认可或提供相关获奖证明。因此,留学生校长奖学金的获得者既是学业上的佼佼者,又是活跃于各大舞台的大"玩家"。

## 留学生的多彩课堂

　　对于很多来华留学生来说,语言交流是他们不得不跨越的障碍,西政为此设立了适合不同汉语水平的汉语课程。"我们在课程设置方面参考了北京大学、北京语言大学等权威学校的课程设置特点。在第一年,我们设置了初级课程,包括

---

　　[*]　本文作者:杨莹　田媛媛

对听说读写等能力的培养,当然还针对他们要参加的 MHK 汉语水平四级考试开展教学;第二、三年主要是强化阶段,因为对中国文化、历史和法律等方面深入了解是他们专业课的学习要求之一,也能借此让他们理解中国的文化特质、喜欢上中华文化的精髓,培养他们对中国的感情,将来回国后能够做一个传播中国文化的使者。"汉语教研室主任屈永刚介绍道。

留学生的汉语课堂丰富多彩,汉语老师采用形式多样的教学方法进行授课,将知识性与趣味性相结合,让留学生在享受乐趣的同时掌握汉语知识。比如情景教学,在情景对话的模式中同学们可以更好地理解某个词句的含义;或是在教学中穿插一些故事,以故事为切入点让同学们进行课堂作文;同时,通过学唱中文歌等方式,调动课堂气氛、激发同学们的学习热情。

留学生在汉语课堂上非常活跃,经常主动要求上台唱中文歌,表演舞蹈,尽可能地运用所学的中文词句。一次汉语课课间,三位老挝留学生上台表演了《小苹果》,又唱又跳,点燃了现场的活跃氛围。台下同学乐在其中,不禁为他们鼓掌喝彩。

留学生在通过了 MHK 汉语四级考试后便会和中国学生一起上课,学习同样的课程。受访的留学生都表示他们非常喜欢中国,喜欢中国文化,对汉语课非常感兴趣。"在学习中,老师们给予了我们很多帮助;在生活中,中国同学帮助我们学习中文,我们获得奖学金也得益于他们的支持。"来自老挝的 DALAVONG-PHAILAKHONE(潘浩)说道,"我们会通过认真学习,来表达对老师和同学的感激之情。"

# 大"玩家"的缤纷舞台

留学生校长奖学金得主们不仅学习成绩优秀,而且还是多才多艺的舞台大"玩家",他们经常积极参加校内外各类文体活动。2016 年新年晚会上,来自美国、越南、韩国的留学生就穿上了传统的儒袍、秀美的旗袍、英武的兵服,在旋律优美的《青花瓷》中,为观众献上了一场"中国风"的汉服秀。他们手提喜庆的红灯笼用母语向在场师生送上新年祝福,将现场的观众带入新年喜庆欢乐的氛围之中。

一等奖获得者韩国"欧巴"JANGMINSUK(张珉硕)是星空乐队的前主唱,曾在罗马广场举办个人演唱会,吸引许多师生到场欣赏,他成功地吸引了一批忠实粉丝。国际合作与交流处工作人员丁洁说："张珉硕的汉语非常好,也十分热爱唱中文歌,那天我们国际处的三位老师都专程过去捧场。"经济法学院 2015 级冉雪莹同学说:"他的嗓音很清澈,唱李荣浩的《不将就》让我记忆犹新。"珉硕"欧巴"非常热衷于参加各类歌唱比赛,也在每场比赛中表现不凡。2015 年张珉硕斩获了校园之星亚军的奖杯,在西政最具影响力的歌唱比赛——校园十大歌手大赛中,凭借一首《一次就好》成功加冕"十大歌手"称号。

老挝的"街舞小王子"PHONDY PHOUTTHASEN(刘志伟)是本次获得一等奖学金中年龄最小的一位。相信不少经常去学生活动中心的师生都看见过他在学活训练时的精彩舞姿,他洋溢的青春活力和阳光笑容令人难以忘却。东盟留学生管理老师唐洋说:"刘志伟十分热爱街舞,因为街舞,他结识了重庆很多高校的街舞队长,也因此认识了很多志同道合的朋友。"刘志伟积极参加各类舞蹈比赛,在四川德阳的比赛和舞动西政的校级比赛中都取得了不错的名次。来自老挝的 CHANTHAKEO PHETSAMANE(赵伟)在西政攻读金融学硕士学位,这次获得了二等奖学金。他是个热爱运动的小伙子,喜欢跑步、踢足球,最近将作为国际法学院男足成员参加"政法杯"足球比赛。

# 西政人的奇妙山城

留学生们离开祖国,慕名来到地处中国西南的法学重镇——西南政法大学求学。巴山渝水孕育了山城重庆,也孕育了西政人。对于刚到重庆的留学生来说,这里的一切都是新鲜奇妙的。夜景、火锅、美女是重庆的三张名片,不少留学生在开学第一节课上的自我介绍时就表示重庆的女生很漂亮,我很喜欢。提起火锅,就不得不谈起重庆人嗜麻辣的饮食习惯。在重庆街头随处可见火锅、烤鱼、串串香和烧烤。不过,不少留学生表示来到重庆后难以适应重庆的饮食:"尽管我们国家也吃辣,但是我们不吃麻(花椒)。"当问到他们最爱吃的食物时,他们都不约而同地回答:"烧烤。"他们都钟爱重庆诱人的烧烤,不辣却香味浓郁。山城历史文化悠久,拥有数量众多的历史名胜和风景区。每逢假期留学生们会背上行囊去领略独特的山城风情。洪崖洞、磁器口、朝天门、歌乐山都是他们必去的景区,重庆的夜景更是令他们赞不绝口。

重庆之所以得名山城是因为这座城市依山而建,山路崎岖、交通线路层层叠叠,可谓是九曲十八弯。更为神奇的地方在于,在重庆你从一楼出去是大马路,从三楼出去还是大马路,从五楼出去依旧是大马路,而当你从大马路旁边进入电梯,理所当然地以为身在一楼时,指示牌却赫然写着一个你无法相信的数字。在这座迷宫一般有趣的城市里,留学生们纷纷表示,在重庆要找到一个地方真的是太困难了。其实这是再正常不过的事情了,因为在这座奇妙的城市,即便是本地居民也可能会迷路。

西政渝北校区坐落在一片山坡上,依山傍水、绿树成荫、环境优美。长长的斜坡、宏伟的罗马广场、雅致的毓秀湖俘获了许多留学生的心。一等奖学金获得者、来自老挝的"学霸"PHOSALATHMINTA(张海明)表示,他非常珍惜在西政学习的时光,也很喜欢西政的老师和教学氛围。来自法国的 CORALIE SARAH NICAISE(可阿莉)表示她已经完全融入了重庆的生活,她结交了许多中国朋友,中文水平也突飞猛进,并获得了二等奖学金。热爱中国文化的加纳留学生、三等奖学金获得者 LOVIAAGYEMANG(拉维亚)虽然去年九月才来到重庆,但她非常喜爱这里的一切,并表示以后自己一定会再来重庆。

我们期待留学生能享受在西政的学习时光,将这份对西政的热爱之情化为追逐梦想的动力,让西政因他们的努力拼搏而更加精彩!

(本文原载于《西南政法大学报》2016 年 4 月 18 日总第 836 期)

【异国锤炼】

# 开阔视野　提升境界<sup>*</sup>

## ——与海外实习师生的对话

安迪·安德鲁斯曾说过:"人的一生中至少要有两次冲动,一次奋不顾身的爱情,一次说走就走的旅行。"在西政,就有这么一批可爱的海外实习生,他们带着一颗颗求知的心远渡重洋,到几千公里外的异国他乡进行一场关于实习的旅行。

那么这场"旅行"是如何开始的呢? 让我们看看负责海外实习生的两位老师是怎么说的。

**记者:**请问开展学生海外实习的背景是什么?

**汪颖老师:**我校中国－东盟法律研究中心与马来西亚及新加坡数所律所签订了合作协议,其中包括派遣及接收实习生的内容。与中心签订了协议的律所,均为我校的海外实习基地,每年需定期接收中国－东盟法律研究中心选送的数名实习生。

**李煜婕老师:**西南政法大学学生海外学习、培训及实习项目是依托于中国－东盟法律研究中心与海外高校、区域组织及法律实务部门签署的一系列合作框架协议下的重要涉外学生培养项目,旨在全面打造特色生涯发展教育体系,搭建海外实训平台,推

**海外实习生合影**

---

\* 本文作者:毛紫雨　傅莜晴

动涉外法律人才制度的深化、学生职业生涯发展教育国际化的重要尝试。该项目不仅通过学习、培训和实习等多种形式拓展学生国际视野，更注重于能够真正在国际化的实务、实践环境中增强我院学生的跨文化沟通能力和国际化综合素养，从而推动实现培养具有国际竞争力的专业化、复合型法律人才的目标。

目前，我校与马来西亚、新加坡、菲律宾、泰国、柬埔寨等国共 10 个海外培训及实习基地签有谅解备忘录和相关实习协议。

记者：请问海外实习生是如何选拔的呢？

汪颖老师：海外实习生由国际法学院及东盟中心共同选拔，主要参考的是学生的学习成绩、语言能力和活动积极性以及是否有参加过东盟中心组织的活动经历等。

李煜婕老师：目前输送出去的 30 名实习生中，绝大部分是研究生，只有 4 名本科实验班学生。选拔程序严格，首先是语言关，要求听说读写能力强，或六级成绩 600 分以上，或雅思成绩 6.5 分以上，或新托福成绩 90 分以上。

记者：您认为与在国内实习相比，去海外实习能给同学们带来什么不一样的收获？

汪颖老师：学院及中心希望海外实习能够帮助学生拓展视野，了解不同国家的法律及文化，培养独立能力，提高语言水平。

记者：请问今年这批海外实习生表现如何呢？

汪颖老师：本期的实习生得到了各个律所的广泛好评，为后期项目的继续打下了很好的基础。他们在工作中积极主动，在专业、语言等方面能力得到了很大提高。各律所也为实习生提供了非常好的实习条件，除了日常上班外，也定期为他们组织各种专业课程培训、法律机构参观等活动，且为实习生安排住宿，提供了非常好的生活保障。实习生和

新马实习生会师吉隆坡

各律所的实务导师、工作人员都是亦师亦友的关系,相处得非常融洽。实习生也利用闲暇时间,在马来西亚及新加坡各地参观游览,深入了解了当地的风土人情,充分地利用了这次不可多得的实习机会。

古有孔丘先生不辞辛劳的列国之游,今有西政学子说走就走的漂洋之旅,下面就让我们走近这些海外实习生,去了解他们海外的精彩生活。

**记者:**初到海外的感受如何?

**冉丹妮:**初到马来西亚,仿佛踏入了另一个火炉。虽然城市不算繁华,但看到路边常见的两层排屋、一家一庭院时,又觉得虽简朴却很舒适。在与当地人打交道的过程中,我深切地体会到了这里文化的多元性,街道两旁林立着不同种族的餐厅,路上随处可见马来人、印度人和华人,各自有着不同信仰不同习惯却依然共生共荣,让我觉得这个国度不简单,想要走近看看。

**陈琛:**大街上来往的大都是旧轿车,地铁站里随处可见的是不同肤色不同国家的人,食物是色彩鲜艳的酱汁炒米饭或面食,天气是永远的晴朗加偶尔的雷电雨,律所的语言是普通话马来语英语交叉使用,公寓里不时听到穆斯林咿鸣的歌声。初到马来西亚,截然不同的文化与生活方式让人眩晕。

**记者:**在实习期间接触到了哪些工作呢?感受如何?这些工作与国内有什么不同?

周末海滨休闲度假(company trip)

**冉丹妮:**在律所的日常工作主要是法律文书翻译、法律案例检索、案卷装订整理、信件封装邮寄等,另经律所安排参与了吉隆坡律协组织的研讨班培训近 30 个学时,参与法院旁听及仲裁旁听等。日常工作使我们的规范意识不断增强,研讨班培训让我们更多地了解了马来西亚的法律实务,法院旁听让我们看到了英美法系庭审中律师的主导角色,参与仲裁旁听使我们深切体会到其保密性和当事人的自治性,导师的拓展课程以及MOOT Court(法学专业学生实习的假设法庭)实训也让我们更了解律师的执业方式。作为英美法系国家,马来西亚在司法制度等方面与中国有很多不同。比如,不同于中国的两审终审制,在马来西亚如不服一审,可以提起两次上诉;最高法院是联邦法院,联邦法院法官实行终身制;另外,马来西亚的法庭审理一般是对外开放的,除了涉及国家机密等不宜开放外,所有人包括外国人在内都可以进入旁听。

**及小同**:马来西亚的法律体系实行双轨制,世俗法院与伊斯兰法院并存。除了国家立法外,马来西亚每个州都有自己的法律,除了联邦直辖区的伊斯兰法由联邦政府负责外,伊斯兰法属于州法律体系,而非联邦法律体系。这些伊斯兰法在婚姻家庭、宗教伦理等事务中会以《古兰经》等圣典中的宗教教义为主要渊源,与世俗法院所遵循的普通法和成文法有很大差别。从律所的马来族律师那里了解到的很多约束穆斯林的规定,为我们打开了一个全新的世界,也让我们更深地思考着法律与宗教的关系。

**记者**:在实习期间是否遇到一些困难?是如何解决的?

**冉丹妮**:比如通过听音频打庭审记录时,因为律师询问的几位证人的英语都带有浓重的口音。每一分钟,都要听不下十遍才能勉强听清。而且证人口中的一些词汇似乎也没见过,于是我还要抓紧过一遍案卷材料,特别注意高频、生僻的名词来确定词汇,虽然借此顺利了很多,但依然有个别词汇无法听清,为了保证进度,只好先继续听录音,没听清的便作上标记,留待以后查找。整个过程似乎是一场听写,而说话者带着浓重的印度口音,语调还时高时低,40分钟的现场,做记录却花了五个小时,在我看来更像是场耐力考验。

**记者**:实习期间有没有发生什么难忘的事?

**余胜男**:难忘的事情有很多,在异国他乡与日本实习生及律所律师一起庆祝生日,律所律师悉心照顾我们,带我们去看电影,与其他海外实习的同学一起到马六甲参观游览,到马来西亚公司管理委员会听取委员会人员精心准备的讲座……总之,在这些日子里,我获益良多。

**记者**:在经历过海外实习之后,最大的感受是什么?

**邹茜**:这次实习让我体验到了真实的普通法系国家的法律实

**槟城实习生参加印度同事家的婚礼**

践,在与自身所学法律知识对比中,深切感受到两国不同的法律体系和法律思维,开阔了眼界,感受到了法律不一样的魅力。

**冉丹妮:**这个国土面积不大的国家,却有着多元文化的共生共荣,我看到穆斯林同事工作非常高效,看到这里普遍注重礼节讲究信义,看到他们工作之余乐于享受生活,这里的人身上有许多闪光点值得我们学习。

**记者:**以后有什么打算呢? 是否有意向在海外工作?

**邹茜:**在梁潘黄律所实习的经历让我更坚定从事律师行业的想法,和一批优秀的律师团队共事是非常充实并富有挑战性的,我希望自己能坚持下去。如果有机会还能去海外实习或者工作,我也非常愿意去学习和体验,毕竟人生需要不断挑战才会精彩。

(本文原载于《西南政法大学报》2016 年 5 月 18 日总第 838 期)

# 境外实习锻造复合型人才*

　　寒假将近,你是选择回家过年,还是留校社会实践,抑或带薪实习?有这样一群同学,他们选择去境外实习。原来,为了深化人才培养、拓宽学生国际视野,2014年起,学校与香港信华教育国际集团合作推出"赴香港地区跨国企业职场实习项目",此项目不限专业、不限年级,让学生有机会进入国际名企感受企业文化,在优秀的团队中体验职场生活,为将来的就业提前做好心理准备。目前,该项目寒假实习报名已经开始,许多同学明确表达了想参加的愿望。

---

* 本文作者:李雨佳　陈灿　黄钰棋

# 深入职场与国际团队零距离接触

国际交流与合作中心杨蒙老师表示,通过与信华教育集团的合作,学校搭建起通向境外实习的桥梁,使学子获得与国际化先进管理模式对接的机会,为他们日后走出校园、开辟更广阔的天地打下坚实基础。

于此,如何使学生在对接过程中实现与国际企业的"零距离接触"显得尤为关键。

学校与信华教育集团联合宣传后,学生可使用信华教育集团网络平台直接参与报名并递交相关材料。通过审核后,项目负责人将会安排面试官对申请者进行中英文面试,并在面试后及时发出录取通知书与项目回执。在整个流程中,学校仅充当相关信息的提供与反馈者,真正实现学生与企业间的"无缝对接"。

学生在利用假期赴香港进入世界跨国知名企业进行一周的实习期间,会经历"金融职场实战→精英团队同舟共济→72 小时高压培训→环球基金大赛→商业谈判演讲→集团 CEO 面试"等几大项目挑战,深入企业内部,随国际优秀团队学习商业策划报告撰写、跨国企业面试技巧、国际商业演讲技巧、环球投资战略运营以及香港金融市场战略分析等。项目开展的多样化、系统化也成为境外实习的一大特色。七天的实习锻炼了学生职场专业素质、公司化管理能力、跨文化交流能力以及社交能力和领导才能,使其进一步感受名企风采,开拓了视野。参加实习的行政法学院 2014 级学生程开煜说,正是这样层层递进的全方位培训模式,让自己对保险公司的基本运作情况有了更深层次的了解。"我参加了内部举办的模拟投资大赛后,对投资有了一定的了解和兴趣。学到了一些理财方法,现在正将学到的知识加以运用。"

此外,学生在实习期间顺利完成相关工作体验后可获得基本投资大赛证书、跨国公司企业推荐信、跨国企业项目完成证书等,表现优异者还将有机会获得 500 强企业高层个人推荐信和五百强企业正式实习 Offer,这对学生今后进行社会实践和职业发展具有重要作用。同时,大型企业所提供的推荐信,对于有意愿申请硕士、博士学位以及到境外工作的学生而言,很有优势;从未来发展上看,境外公司往往更看重学生的实践能力,学生们在校期间在大型企业的实习经历将成为他们工作考量的重要依据,正式实习过的学生往往更容易直接进入大型企业就职。

从 2014 年起,已有 36 名同学受惠,分别到世界 500 强的多家知名跨国企业实习。信华教育集团西南片区高级讲师蒋鹏宏表示，根据同学们在实习后的反馈，大多学生表示对短暂实习的过程十分满意，无论是语言交流能力还是管理水平都有了显著提升。"西政学生在实习过程中积极参与各项活动，善于独立思考，显得出类拔萃。"民商法学院 2014 级学生胡馨匀表示，希望通过实习感受不一样的氛围，以开阔思维，提高自身能力。

## 转变视角在工作挑战中塑造人生

无论是从学校到职场，还是从国内到国际，不同场景的快速转换必然会使学子表现出无所适从的窘态。这就使得实习者要学会从一个学生的视角转变成社会人、职场人的视角看问题。从学校到职场，从个人到团体，有了思维上的转变，才能决定行为的转变，才能有效获取实习经验。同时，身在职场中，团队合作成功与否关系着工作完成的质量高低，同时也是一个公司能否高效运转的关键。学会分享和被分享是步入社会的基础要求，实习过程使学生深刻体会到这一点。管理学院 2013 级学生葛嘉颖曾在英国保诚金融集团实习，她表示自己在实习中获益匪浅，提起那段难忘的经历，印象最深刻的还是团队合作："在香港的那段时间，我结交了许多好朋友，也深刻地体会了团队协作的含义。这些东西是我在学校里无法学到的。"

实习可以帮助学生转变视角看问题，体验团队协作的重要性，可仍有不少人对短暂的实习时间所带来的实际价值提出质疑。实习是学校本科教学培养方案和教学计划的必要环节，是课堂教育和社会实践相结合的重要形式，能增强学生实践能力、提高学生分析和解决问题的能力。社会阅历和工作经验是职业场中的决定因素,短暂的实习同样能帮助学生脱离常规的校园生活,投身社会实践,其可行性毋庸置疑。

在实习过程中,高难度的工作挑战更能激发实习者的工作热情。回忆起自己的实习生活,程开煜说:"实习过程中时常要熬夜做小组课题,由于不熟悉金融方面的知识,所以往往无从下笔。"学科能力上的不足是工作中的一大难题,除此之外,参与香港实习项目的学生不仅需要精通英语,在很多情况下还需要用粤语与人沟通。学科上的跨越以及语言上的障碍,使得学生不得不用更开阔的国际视野看问题,付出比企业正式员工更多的努力。

国内外思维模式、行为标准差异很大,国际思维往往更前卫,覆盖面更广,学习运用的难处可想而知。而到香港这样一个国际化交流程度较高的地区去实习,也就意味着参加实习的学生将来可能会比其他同学拥有更多的机遇。而正是因为这样的改变,程开煜不仅克服了学业上的困难,带领团体获得了保险及相关法律法规课题的第一名,还树立了入读香港中文大学的远大目标。

当然,境外实习的意义远不止于此。"国际金融中心所散发出的魅力,使我领会到在金融这个行业里要面临的机遇与挑战,也启示我,要想在金融这个圈子里占有一席之地,必须更广泛地涉猎。"经济法学院 2012 级学生陈忠梅如是说。境外优秀企业的氛围不仅能帮助学生提升自我认知能力,还能为今后踏足社会、拓宽人脉打下良好基础。

# 面向社会开设复合型人才专属通道

杨蒙表示,多数学生参与实习是为了将来更好地就业。在当下严峻的就业形势下,参与实习来提升自身资质可被视作一个良好的途径,但对于很多大学生而言,自己所学的专业能够"学以致用"才是最理想的事情。由于实习的对象多为金融集团,部分法学专业的同学产生了疑问:在这些公司里实习学习到的知识能否被运用到以后的工作中?

面对这样的问题,信华教育集团西南片区高级讲师蒋鹏宏答道:"你们或许会认为现在学的东西暂时用不上,但是当你未来拥有了自己的工作,组建了自己的家庭以后,你就会发现这些技能非常实用了。就像现在为什么有关理财的书本那么热门,原因不在于人们要找与此相关的工作,而是希望自己能掌握一门实用的技能。"

不难理解,如今,全面发展的复合型人才越来越受青睐。当今社会的重大特征是学科交叉,知识融合,技术集成。这一特征决定了每个人都要提高自身的综合素质,个人既要拓展知识面又要不断调整心态,变革自己的思维。市场调查显示,各行业各地区对复合型人才的需求都非常紧迫。这类不限专业的实习项目,无疑是提高学生综合能力的好机会。

杨蒙也认为,这对于培养学生的个人能力而言帮助很大,以我校众多法学专业学生为例,他们在未来进入企业后仅靠法学专业知识是远远不够的,还需学习管理学、经济学等。同时,学生在学习企业管理模式、熟悉大型企业的管理运作方

式的过程中,可以提前了解社会、认知自我、准确定位,树立正确的立业观和择业观,在就业过程中适应市场的需求,才能在短时间内找到适合自己的岗位,迈出走向社会的第一步。

境外实习对于我校培养跨学科人才而言同样意义重大,将"通识"与"专才"相结合的人才培养方案理念渗透在境外实习项目中尤为关键。实习不应只是为了实习而实习,其更重要的意义在于开辟出一条促进学生知识、能力和素质协调发展的道路,进一步促进文理渗透,拓宽专业口径,淡化专业界限,从而增强学生的社会适应能力。

(本文原载于《西南政法大学报》2015 年 12 月 18 日总第 830 期)

【枕典席文】

# 墨韵书香　握卷细品[*]

## ——西政读书会侧记

《庄子·人间世》有云："山木,自寇也;膏火,自煎也。桂可食,故伐之;漆可用,故割之。人皆知有用之用,而莫知无用之用也。"而此言置于当下境况,放诸读书话题,岂不如是哉?

时代高歌猛进,却并不全然美好。面对这个浮躁而扑朔的世界,有人质疑,有人妥协,还有一些有识之士挣脱禁锢,用自己的方式"克服"时代,又回应时代,开

**辅仁读书会现场**

始对时代进行审视与反思,并屡屡发出"警世通言"。即将到来的 4 月 23 日,是第21 个世界读书日,一缕缕香远益清的书墨之香,正萦绕在我们身旁⋯⋯

## 以文会友　以友辅仁

为西政学子搭建了良好读书平台的辅仁读书会迄今为止已走过近四个年头。

---

[*] 本文作者:董黎雅　李晓繁　陈艺元

2013 年 9 月,马克思主义学院靳松、董卫国两位老师发起组织了西政辅仁读书会。"2007 年,我从复旦毕业来到西政,那时便有了开办读书会的想法。"组织者之一靳松表示,在他的学生时代,老师常会办读书会活动,所以他来西政之后,也想把这种模式带过来。

然而,创办读书会的初始阶段可谓举步维艰。起初靳松一人独挑大梁,后来虽有其他老师加入,但在各种因素的困扰下,读书会仍未摆脱"夭折"的命运。2013 年,靳松与学生李茂功谈及此事时一拍即合,两人遂着手策划"做一个正规的、有场地的、有规章制度的读书会"。与此同时,日后的知音搭档董卫国也从北师大来到西政,在大家的共同努力下,辅仁读书会正式成立。对于"辅仁",靳松如此解读:"我们的想法很简单,就是要让学生有一个读书的机会。他们平常上课时学的都是教材,教材固然重要,但我们想给学生阅读经典的一个机会,经典往往是比较难读的。"在他看来,辅仁读书会实际上就是"以友辅仁",读者通过读书互相认识,相约去阅读经典,共同领悟古代圣贤高深精妙的思想。

读书会成员学习风气好,学术热情高,踏实读书,积极交流,认真撰写读书笔记和读书会简报,并搭建了读书会博客、QQ 群、微信等多个网络交流平台,编辑了会刊《辅仁会语》等。这正体现了读书会的宗旨——"传习经典,修养身心;以文会友,以友辅仁"。读书会持之以恒地主张将学术研究和身心修养相结合,矢志不渝地致力于长期研读传统文化经典和传播传统文化。"我们想与专业课程形成一种相互补充的机制,学生通过读书会学习经典,会培养出更高的眼光,更深刻的思想,对不同的文明、文化、经典等有一种新的领悟,这正是辅仁读书会的初衷。"靳松如是说。

迄今为止,读书会的各类学术文化活动开展了 130 多期,3700 多人次参与。其中,"四书"研读活动约 54 期,其余西方哲学经典研读、寒暑假读书会、人文讲坛、纪念孔子诞辰等活动若干期。读书会不仅仅强调阅读,更重视人文素质的养成。阅读经典之余,靳松还经常带领学生到南苑操场跑步健身;读书会还于年终岁末举办茶话会,由董卫国教大家吟唱《诗经·蒹葭》,一同回忆本年度读书会共同经历的点点滴滴。

## 酌古鉴今　内美修能

阅读经典,从古人的智慧中汲取有益于实际学习和生活的营养,以经典启发灵感,从中修养自身,将其内化于心,外化于行。"许多时候,自己可能以为看过的许多书籍都成过眼烟云,不复记忆,其实它们仍是潜在的,在气质里、在谈吐上、在胸襟的无涯,当然也可能显露在生活和文字中。"三毛的一席话似乎正暗合了辅仁读书会带给学生们的收获。"在遇见良师益友的同时,我们也学到了阅读经典、修身养性的一些方法。"读书会的资深会员、应用法学院 2015 级本科生况崇东的话高度凝练地评价了读书会的主旨,而读书会的阅读内容更是对这一主旨的彰显。

在西政,辅仁读书会风靡一时的同时,一个以班级为单位的读书会也在如火如荼地开展着。诚如斯言,"经所以载道",经典是优秀传统文化的结晶,学习和弘扬传统文化,必须认真研读经典,这与行政法学院 2016 级 7 班班导张伟的立场不谋而合。

张伟自 2016 年 9 月开始,便在自己指导的班级中开展小型读书会,金庸作品的读书会便是其中之一。导师向大一新生推荐书目,大都是一些专业书籍,推荐金庸小说的张伟算是"另类"。"本科生导师必须指导学生读书,但我发现,新生们的人文情怀有待提高,所以尝试着从'通俗''易懂'着手指导 2016 级新生读书。"张伟这样解释道。

在张伟看来,金庸小说给新生们提供了一个近距离观察"人"的机会,喜怒哀乐、爱恨情仇、忠义家国、情长意短,人与人之间的关系、人与神之间的关系、人与国家(权威)之间的关系在小说中都能有一种通俗易懂的架构。形形色色,错综复杂,善恶纠缠,金庸的小说恰恰能为学生提供一个极佳的认知平台。

而该班级另一次读书会的书目——《乡土中国》,则有着另一番研读价值。"《乡土中国》给我们打开了认识中国的另一扇大门。传统中国是完全的乡土社会,虽然中国自鸦片战争以来,社会进入急速变迁的阶段,但直到现在从社会的方方面面仍旧可以找到乡土社会的影子,特别是大众关注的国民问题,更是传统与现代相互作用的结果。"张伟说,"也许有人会认为这本书的年代比较久了,对现在的情况很不适用。我倒觉得不是。"在他看来,这本书的理论价值到现在还闪烁着光辉,书中的许多观点在当今社会仍值得加以重视和研究,而且能够为当下一些社会问题提供思考和解决的方向。


## 读书万卷　阅人阅世


我们对一个世界的理解,构成这个世界多维度坐标系上的一点,只有找到的点越多，我们描绘的世界才会越加清晰、完整。阅读，正是我们在这个世界中的辅助线，它帮助我们选定自己的坐标系，增强对人世的理解力、洞察力，从而望向问题的本质层面。通过阅读各种各样的书籍，我们能够构建诸多坐标系，从而对世界的理解也更加多维立体。

对法学生而言，法学方面的书籍无疑应该是阅读的主要方向。但是谈及法律与阅读，张伟不无遗憾地说："当代法学院课堂清一色最新的法律条文与原理，略显枯燥；考试内容的设计上缺乏灵活性，对于提升法学本科生的理解能力帮助较少。"如此一个法学世界难免过于"平面化"，一旦被学生真正运用到实践中难免产生茫然无措的感觉。开展读书会，引导学生们在书中探索更加宽广的世界，恰恰是解决这个问题的适当途径。正如张伟所言，读书会能够帮助法科生提升认识社会问题的境界，跳出窠臼，运用好评判性思维分析问题，如此才能更好地解决问题。

"当时我们就是以带学生读书为最终目的，想让学生们深入经典，领悟经典，做一个完整的人，做一个美好的人。"董卫国如此描述举办读书会的美好愿景。而靳松则认为，读古代经典可以扩大学生们的视野，眼界开阔了之后就有读书的动力。每时每刻都有新的文学作品在诞生，但是并不是所有的文学作品都有被阅读的价值。唯有经过了时光的拷问，在众多读者中普遍取得良好评价的书籍，才算是有价值的书籍。而经典往往便是这样的书籍，因此它能使学生们受益良久，终生回味。

一座大学有没有文化，无关其有没有高大宏伟的建筑，甚至不取决于有多少学者教授，而在于组成这个学校主体的最基本的单位——学生，他们有没有精神上的追求和享受。博尔赫斯曾说："这世上如果有天堂，天堂应该是图书馆的模样。"无论是社团性质的读书会，还是以班级为单位的读书会，读书会的举办都为西政学子提供了亲近书籍、享受天堂般美好氛围的绝佳机会。

赋闲午后，云气氤氲，图书馆前，静谧坐阅，这样一道风景线，我们一再挽留，唯愿它可常驻身边……

# 那些和书有关的事儿*

你知道什么叫大学吗?《聚宝楼·古书概要》中说:"大学"即大人之学,亦为未来之君主、栋梁领导天下的必修之学。即说大学是我们学习知识、提升自我的一大平台。而老师和书,无疑是我们在大学里提升自我的两大法宝。今天,让我们一起去瞧瞧法宝之一,那些和书有关的事儿。

## 览校园读书概况

赫尔曼·黑塞说:"我们所读的书不会流失,会成为我们的所有。"那些读过的书都会内化成你源源不断的精神动力。那么,西政的读书情况到底如何呢?欲知详情,请看来自学校图书馆的第一手数据。

图书馆调查数据显示,从 2014 年 10 月至 2015 年 3 月,我校政治类书籍借阅量达 10 万册,位居借阅量排行榜第一。其中,最受同学们欢迎的政治类书籍是《政府论》,《论美国的民主》和《社会契约论》等也广受好评。法律类书籍以 9.7 万册位居借阅量排行榜第二。其中,被大家争相借阅的书籍有《外国家庭婚姻法比较研究》《法治及其本土资源》《论犯罪与刑罚》和《为权利而斗争》等。此外,哲学类书籍《中国哲学简史》以 127 册的借阅量稳居 2014 年图书借阅榜榜首。可见,人文类的书籍选择偏好明显。同时,与专业相关的书籍倍受青睐,文学、经济、语言、哲学均在万册以上。

与此形成极大反差的是交通运输类书籍,半年仅有 4 本的借阅量。图书馆馆长周文全认为:"这样的借阅情况很正常,比较客观地反映了我们学校的专业实

---

\* 本文作者:李嘉婧　郭雨嫣　胡晔欣

际。"所谓术业有专攻,读书也应有所选择。不过,我们虽不奢求天文地理无所不通无一不晓,但也不能把眼光仅局限于与专业相关的书籍上。"文科生可以适当读些工科类的书籍,充实自己,拓宽眼界。广且精,思且乐,才是读书的最佳状态。"周馆长如是说。

"你选书、我买单"中外文书展展位引来众多读者驻足翻阅并积极填写荐书登记表。摄影 刘振禹

颇有意思的是,图书馆每月会在官网上发布各学院生均阅读排行榜以及读者排行榜。法律硕士学院在 2014 年各学院生均借阅排行榜中位居第一,人均17.40 本。马克思主义学院和法学院分别以 17.13 本和 15.12 本的数量位列第二、第三。

在 2014 年读者借阅排行榜中,马克思主义学院哲学专业 2012 级研究生王挺以 420 册的绝对优势傲视群雄,日均 1.3 本图书。"我不会因为学习时间紧而没法看书。读书对我来说就像生活的一部分。它充实我的精神,加深我的思想深度,提高我的审美能力。最重要的是,我能从中获得快乐。"王挺说。

行政法学院 2013 级梁凯和王东同样表现不俗,分别位居第二、第三。梁凯说:"读书一方面可以帮助我获取知识、增长阅历和提升技能;另一方面也是休闲娱乐的方式,可以陶冶情操,丰富生活。"读书不求数量,但求质量。在我们沉溺游戏之时,读书达人们更多的是静下心来读一两本书。因为在爱书之人眼中,书绝不仅是简单的几张纸,而是一个承载知识的容器,一个能与你思想碰撞的精灵,这远比其他娱乐方式精彩。

# 思电子纸质之辨

随着现代高科技的发展和"互联网＋"模式的深入，人们获取知识的方式趋向多样化。"在没有买 kindle（一种电子阅读器）之前我对电子书是排斥的。"国际法学院 2013 级本科生向圣东说，"自从看我买了 kindle 以后，我们寝室马上人手一个了。平时没事儿就会抱着 kindle 看书。"从传统的纸质书籍到现代化的电子书，从专注的纸质阅读到广泛的网络阅读，读书的载体从饱满的纸张变成如今的电子屏，但无论载体如何变，它们承载的知识始终都是不变的。

"网络阅读是一种浅阅读，解决的是海量信息摄取的问题；纸质阅读是一种深阅读，解决的是精神深度的问题。两种阅读是互补的，不可偏废。"在周馆长看来，两种阅读相结合，才是真正的能读书、会读书。

读书是一门学问。盲目只会大大减损读书给你带来的益处。因此要掌握读书的方法。"我们现在图书馆的资源很多，除了纸质书本，还有网上图书馆、各种数字资源。但关键是，你们要读。"周馆长说。

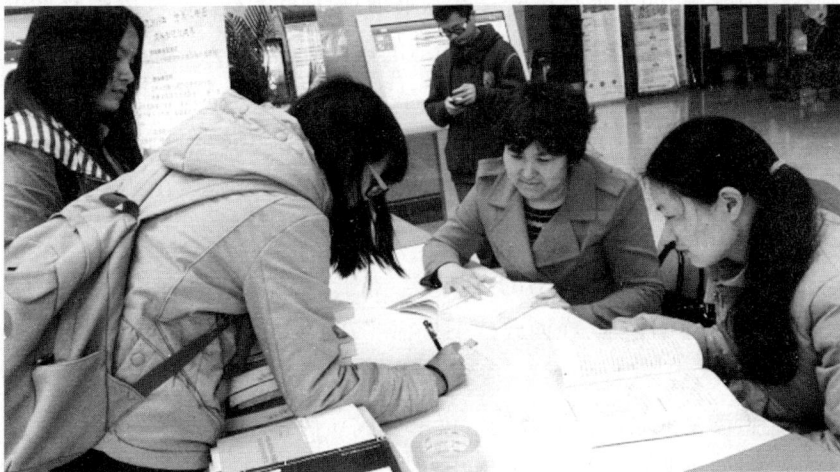

图书馆直属党支部共捐赠了 50 余种漂书，捐书的党员更愿意用书写自己读书心得的形式寄语读者。摄影 刘振禹

四月正是读书时。图书馆也一改平时庄严肃穆的形象，开展了各式各样的读书活动，譬如信息检索大赛、图书快借比赛、数据库培训讲座等活动，传授西政学

子如何读书，如何爱上读书。在图书馆 2015 年 4 月 13 日至 23 日读书月期间，三楼音像视听室举办多场读者培训、数据库讲座，宣传、推介并指导读者如何检索、利用馆藏数字资源，以提升电子资源利用率。

信息检索大赛通过基础查询题、综合项目分析与检索来考察同学们对图书馆数据资源的利用程度，其目的是教会同学们使用检索工具、运用图书馆订购的各类数据库及 OPAC 目录找到自己想要的各种资料，帮助同学们读好书。

## 悟"读书是福"情怀

当你坐下准备读书时，是否因为习惯性地看了一下手机而不经意地浪费了大把的时间？当你励志读完这本感人肺腑的书时，是否因为凌乱不堪的书桌而轻易放弃？当你决意前往图书馆做个读书人时，又是否因为自动连接的 WiFi 而忘了初衷？

在适宜的读书环境下，我们可以放慢脚步，回望那些被忽视的文化，滋养自己的精神家园。古色古香的桌椅，排排书架，娇嫩凝翠的植物置于其间，焦糖摩卡的香气在空气中弥漫，四下俱是捧着一本本书细细品读之人。学校周围有不少这样的地方，虽居闹市，仍然能营造出安逸闲适的读书环境，让人一进入就不自觉忘记了尘世间的纷纷扰扰，沉浸于书的海洋。在这里，有从二手市场淘来的木质桌椅和饰品，有店家自己粉刷的墙面，着力简约而温馨。"我们很喜欢来这种地方读书，就像回到自己家中一样，很温暖，很舒适。"国际法学院 2014 级任芯同学如是说。

"全国公认西政是一个读书的好地方。"校长付子堂在 2014 级新生开学典礼上寄语道，"好好读书是福，在西政读书是福。"在西政校园内，辅仁读书会、智识读书会、文史哲读书会、法理读书会、未言沙龙等各类读书会和沙龙都在致力于为同学们营造共勉读书的氛围。谈及辅仁读书会成立初衷，发起人靳松老师说："我们通过直面经典原著来反省身心、反思生活，与圣贤智者对话，以诚相待君子相交，形成和乐的读书氛围。"也正是在这种氛围的感染下，越来越多的同学加入了读书会，爱上了读书，爱上了思考。

好的习惯无疑会使读书事半功倍。"我们每个人都应该养成良好的读书习惯，这才能帮助我们从书中获得知识，促进我们的成长。"周馆长说，"第一，略读做选择。拿到一本书时，看下目录，随意翻几章，如果有兴趣就继续读，没兴趣就不要强逼自己。第二,精读更深入。如果你觉得这本书值得看,就仔细地去看。读的时候不妨做些标注,写些读书感想,加深你的读书印象。第三,看完书要回味。这本书到底讲了什么,给我什么启发。做好总结工作,一本书才算读完了。"

文学读者协会的知识挑战赛、交换图书活动有声有色,仅上午时间参与答题读者近 40 人,交换图书 12 本。摄影 刘振禹

每一件与读书相关的事情,都是幸福的事儿;每一次与好书的邂逅,都是会心一笑的浪漫。读到这儿,你是否也涌起了读书品文的冲动呢? 那么,请行动起来吧。

(本文原载于《西南政法大学报》2015 年 4 月 30 日总第 819 期)

# 好思者的饕餮盛宴*

## ——西政讲座面面观

　　大学,是莘莘学子的梦想天堂,赋予他们增长学识、开拓视野、培养独立完善人格的机会。课堂与书本之外,讲座亦是大学生成长绝佳的助力器。大学讲座日益成为学术交流、思想传播的重要平台,西政的讲座文化更是源远流长、历久弥新。近日,一场名为"《民法总则》的精神与理性"的讲座在西政举办,诸多师生慕名前来。面对人潮,举办方不得不临时更换到容量更大的场地。讲座结束后听众热情仍未退散,社会各界在评论讲座内容之余,也深深赞叹西政盛行的讲座文化之风。

## 博学　多元开创新局面

　　"毓秀讲坛"的学术大餐令人大呼过瘾,"论道西南"的唇枪舌剑令人心生向往。在"鳷论法谈",西政学子针锋相对;在"法府论坛",一众青年侃侃而谈。欲穷千里目,更上一层楼。对西政学子来说,这层楼,就是盛行的讲座文化。

　　巍巍西南法府,法律文化可谓主流。"论道西南""鳷论法谈""法府论坛"等法学系列讲座已成为响当当的招牌。相较之下,法学之外的讲座则显得有些单薄。面对讲座单一化的劣势,西政人也在不断努力——经过多年的发展,西政举办了覆盖多学科、多领域的各式系列讲座,梁慧星、邓晓芒、李达武等各界专家无不成为座上宾,"西南青年人文论坛""毓秀讲坛"等多领域兼容的综合性系列讲座也在不断发展,西政讲座呈现出多元化的趋势。

---

　　*　本文作者:颜森林　韩雪征　杨雅涵

"西南青年人文论坛"（以下简称"论坛"）第一场讲座成功举行。外交学院世界政治研究中心主任、外交学与外事管理系副教授施展为西政师生带来了主题为"中国历史的多元复合结构"的讲座。"这是我第一次听非法学的讲座，人文论坛的魅力就在于为以法学为大的政法院校注入了新鲜血液，让我们这些'井底之蛙'领略到其他学科的知识。"经济法学院2015级黄安婕如是说。

校长付子堂曾言："法之理在法外。"这句话诠释了人文类学科知识对于法学生的重要性。"法学的研究对象——法，在任何时代、任何国家地区都不仅仅等同于干巴巴的法条，它有自己的生命，植根于鲜活的时代精神，对它的理解离不开其身处的时代，离不开人本身。而这些，恰恰仰赖于人文社会科学的滋养。"论坛负责人、民商法学院副

讲座现场

教授黄家镇认为，学习人文学科，能够增进学生对法规、法律制度的理解，促使学生不仅仅从法的本身来理解法，还从法的生活世界来理解法，借助多学科的知识刺激，来培养学生独立思考、批判性思考的能力。马克思主义学院副教授乔戈也表示，讲座的目的就是为了让学生跳出自己专业的局限，拓宽视野，比如论坛接下来会邀请北京大学历史系教授彭小瑜，他将讲授欧洲中世纪教会法问题，学生们会看到，一位历史学者如何讲解法律，"他甚至比一些专业的法学家在某些层面讲得更深入更丰富，我相信，无论是法学专业学生还是非法学专业学生都能够获益。"

自井中视星，所见不过数星。促进学科交流、拓宽研究视野；改变学生知识结构单一化、过早专业化的短板；以青年的奋锐之气，努力营造风清气正、互学互鉴、积极向上的学术生态，创造多元丰富的人文知识氛围——这正是讲座多元化的意义所在。

# 专注　求知若渴燃热情

讲座与课堂教学活动类似，都是一种师生之间的双向互动：讲坛上老师丰富的学识、新颖的观点、高超的教学技巧能够点燃学生的热情，而讲坛下学生积极主动的参与和求知若渴的态度，也能感染老师的心境。一场精彩的讲座，需要师生双方共同的努力与配合。而西政浓厚的讲座文化，自然与学生参与的积极性息息相关。

孙鹏主讲的讲座"《民法总则》的精神与理性"七点开始，下午三点就有同学开始排队，队伍在几个小时里从毓才楼绵延到图书馆……上千人在雨中站立、等待，只为畅享一场学术盛宴。主办方将场地从毓才楼学术报告厅紧急更换到容量更大的笃行楼模拟法庭，即便如此，在众多学子面前，场地依旧显得狭小。大门口、台阶、过道、讲台……只有你想不到的地方，没有学子"坐"不到的地方。

冒雨排队等候进场听讲座

"全神贯注，目不转睛"是听讲座的常态。快速移动的笔尖，快速翻页的笔记本无不显示着西政学子求学的认真与渴望。在讲座提问环节，同学们更是争先恐后。一些同学因为时间限制而没有提问的机会，便在讲座结束之后拦住老师，继续"纠缠"困惑之处；也有老师觉得话题仍有可讨论的空间，即使已经过了预定的时间点，仍然继续探讨。

原民商法学院2012级学生、重庆市2016届优秀毕业生徐梦堃在西政的四年中，参与的讲座有近百场之多。"记得有一场是付子堂校长主持的法理学方向的讲座，从晚上七点持续到了将近十二点。师生在一起平等地交流看法和观点，畅所欲言。"他回忆道，"那一次我体会到了西南法学讲座的核心精神——只批判不吹捧。虽然最后只能翻墙回宿舍，但我觉得充满了获得知识的满足感和幸福感。"

时代在发展，互联网也给予了讲座新的生命力。以"《民法总则》的精神与理性"讲座为例,通过一些学生创办的自媒体平台,未能到现场的同学、其他学校的师生以及法律界人士都可以观看,参与话题讨论。据事后统计,讲座直播的观看量累积达 6 万次。科技的创新应用,体现的不仅是传播方式的变革,更是西政人孜孜不倦、勤学主动的精神。正如孔子所言,知之者不如乐之者,乐之者不如好之

被学子"包围"的讲座台

者。以寻求真理为目标、获得知识为满足的西政精神,才是讲座文化得以生根发芽、日渐繁茂的真正沃土。

## 启迪　思想培养新氛围

大学是人才培养的基地,作为"第二课堂",讲座带来的诸多裨益不言而喻:学生有机会得以与各个领域的大家交流,了解他们求知与奋斗的历程,领悟他们对学术的钻研精神,得到奋斗的力量。丰富多彩的讲座对于繁荣校园文化、活跃学术气氛、鼓励理论研究和学术创新也有良好的促进作用。

挤在门口听讲座的学子

"听讲座能给我带来思考新问题的灵感,成为我在论文写作方面的选题和素材来源。同时,一些科研方法也受益于讲座。"徐梦垫坦言,"在课堂、课本知识以外,讲座是我大学四年学习生涯的一个重要补充。"

西政人以满腔热忱积极参与到种类繁多的讲座之中。于学生而言,讲座与学习相辅相成,从法学,到历史学,到哲学……不同类型学科的交叉,引申出看待事

物的不同视角。在思想的交锋中,学生获得启迪与思考,增强了想象力与创造力;讲座也能引导学生树立良好的人生观、价值观,帮助学生搭建属于自己的价值体系,讲座的意义早已超出了知识的获得本身。于演讲者而言,在思想的传播及与学生的交流中,也能获得演讲能力上的锻炼与学术能力上的提升。"我们通过讲座既能拓展青年学生视野,也可以促进青年教师学术能力的发展,这是双赢。"黄家镇如是说。

大学讲座的意义除了其自身内容的价值,更在于其背后所彰显的精神与文化。"讲座是传承西政历史、精神的重要载体。西政历来倡导师生平等,正所谓'吾爱吾师,但更爱真理'。在讲座中,师生是平等的,探讨问题也没有什么界限,这对于西政浓厚学习、学术氛围的营造与延续非常关键。"民商法学院教授侯国跃感

提问

叹道。心系天下,自强不息,和衷共济,严谨求实——这正是西政精神的实质所在。而讲座更高层次的意义就在于我们可以通过它去了解西政的历史,感受西政的精神,潜移默化地把西政的历史底蕴与文化精神内化为自我独特的家园式认可和可贵的精神品格。

一所大学最重要的正是其精神底蕴。精神底蕴虽不可触,却可以被感知,因为它就真真切切地蕴含在课堂、图书馆以及一场场讲座之中。专家学者、各界精英在讲座中传道、授业、解惑,在信息的交互中、理念的传播中、思想的碰撞中,西政人体味着西政的精神和底蕴,也践履着校训中"博学笃行"、校歌中"精思睿智"的品格。

# 朗读亭内展风华　寻找生机代言人 *

　　一方复古朗读亭,你我机遇;莘莘西政朗读者,重重生机。在校党委宣传部、校团委指导下,"毓秀微风"大学生网络文化工作室及校团委宣传部共同主办了"寻找西政朗读者"活动。古有"读书破万卷,下笔如有神",今有"朗读一段文,体验深万分"。该活动自 3 月 6 日启动以来,备受青睐,截至目前已有 664 名学子参与了海选录制。进入朗读亭的只有你,留下真挚的声音,或是现实的喜悦,或是理想的拙劣,成为朗读者,与文字相遇,用声音呈现冷暖心境。

## 朗诵　赋文字以生机

　　最近,央视《朗读者》节目大热,它用最精致的文字、最饱满的情感来感染观众。倪萍认为,中国很缺少这样一档节目,无论是读别人的作品还是自己的作品,参加者都会觉得心灵上有一种震撼。"寻找西政朗读者"的灵感和构思便发轫于央视《朗读者》,也延续了节目给人带来的心灵震撼和文化责任。刑事侦查学院 2016

海选报名现场 高子昂/摄

---

　*　本文作者:程依　刘家宇

级本科生李智伟表示,他之前就关注过《朗读者》这档节目,这也是他参加活动的重要原因。他认为,朗读可以通过声音将文字整合出来,这和传统的阅读书本不一样,因为它给文字赋予了情感。

在众多娱乐活动和繁忙的专业学习的包围下,同学们对文字的热情、对文学的认知,似乎已经沉寂了很久。行政法学院2015级葛松从海选中脱颖而出,她表示,上大学之后,单纯地去看自己喜欢的书的时间已经很少了,平时接触的课外书基本都是专业性强的法学类书籍,也有史哲类的,但往往是为了写报告论文。葛松认为,除了学业,还有很多方面的事情需要自己去思索。"感谢'寻找西政朗读者'活动,让我能够静下心来再去体味当初喜欢的那些文字的美感。每当我认真地浏览完一遍自己曾经看过的东西,就会陷入一种满足甚至是享受的状态,这跟有目的地获取知识、阅读信息的感受完全不一样。"

用朗读传播感动、分享温暖、激励人心是该活动的主要目的。"寻找西政朗读者"不同于其他娱乐性较强的活动,它将作品本身和朗读者的理解完美结合,让学子在朗读中遇见情感,遇见"生机"。

除此之外,早读队活动也让校园焕发出新生机。每天早上七点到七点四十,早读队同学就会齐聚西政大峡谷,由一位发音非常标准的师姐教他们练习英文。"加入早读队就是希望自己能够得到锻炼,养成一个好的早读习惯。"新闻传播学院2016级总班姚翔是早读队的一员,他感叹,"每天清晨,大峡谷的风,总是与平时有点不大相同。还有一群有理想的伙伴相伴,很开心。"

## 选择 以我思悟生机

春风和煦、春日正暖,在这洋溢着朝气的时节,"寻找西政朗读者"活动第一期的主题便是"生机",一个人,一段文,每个人对此都有着自己的感想。初赛海选中表现出色的同学,也将作为嘉宾参与微视频录制,分期走进演播室,与学生主持人一道回味故事、感悟心境,将自己的朗读情怀与

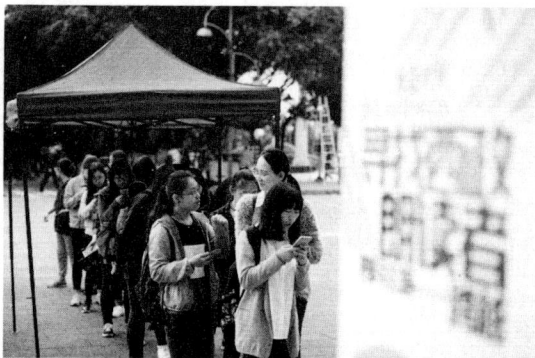

**海选报名现场 高子昂/摄**

青春经历浓缩其中。

"林徽因为了庆祝自己儿子的降生,作了一首小诗。18 岁那年生日,妈妈送给了我这本《你是人间四月天》作为生日礼物。"法学院 2016 级张雨佳回忆说,"通过对里面的感情进行自我解读,我体会到了一种无私的母爱、一种对新生命的期许和对未来的希望,这就是我对'生机'的理解。"离开家人在外求学,总会遇到一些困难,也会特别怀念以前那种有家庇护的感觉。正如张雨佳所说,不管你走到什么样的地步,或者到达一个什么样的高度,家永远都是你身后可以避风的港湾。从你满怀生机出生的那一刻起,父母便对你倾注了无限的关爱,亲情是伟大的,它将是你对未来生活充满希望的不断源泉。

不同于"源头"这种看法,葛松对"生机"有着自己的思考。面对这个主题,她的第一反应是春天来临,万物复苏,但细来斟酌,比起现实意义更多想到的却是"传承"中的生机。在接下来的微视频录制中,她也准备以传承中迸发的生机为主题。"一个完全新的东西固然有生机,但一个原本就有的东西在不断地继承、不断地变革中生命力会更强。因为它既是对时代的改变,同时也是对自我的突破。"

同样的事物,从不同的视角可以有不同的领悟。对于"生机",朗读者李智伟则另有一番看法,他乘风踏雨,阔别故乡,踏入西政刑侦学院,幸遇许多志同道合之人。他们有着刑侦精神,有着利剑精魂,相遇相知就是他所理解的"生机"。他朗读的便是当初迎新晚会全体总班原创的诗歌《青春　旅行》,这首诗激起了异地求学者强烈的共鸣。在微视频中,李智伟择取了陈独秀在《新青年》杂志上发表的第一篇文章《敬告青年》,希望现代社会的青年人能够具有更加多元化的品质,焕发出生机。他认为,青年的定义为 15 至 24 岁的人。青年如初春、如朝日,而当下,很多人却缺少了那份理性的独立思考能力,而这正是《敬告青年》所呼引的"生机"。

# 共力　筑西政生机学风

"海纳百川,有容乃大",只有具备广博的知识基础,才能适应知识经济时代的发展,更好地掌握法学知识理论,造就法学大家。"寻找西政朗读者"活动旨在丰富西政校园文化生活,弘扬中华传统文化,践行李克强总理所倡导的全民阅读并在校园内掀起阅读新风尚,同时塑造西政学子的社会主义核心价值观。

"这是一次特别的朗读活动,是最符合西南政法大学气质的活动。它不仅体现了语言之美、文化之美，还体现了朗读者的心灵之美，更体现了我校的人文气息。"校团委书记颜怡表示，要多读诗书，让灵魂更加高尚。张雨佳也认为这个活动非常有意义，参与者既可以了解朗读文本背后的小故事，又能以普通人的视角去传递正能量。

**认真准备的学子 蒋琪/摄**

"博观而约取，厚积而薄发。"朗读者活动只是构建西政校园文化的一小步。西政的学风一直充满了生机，教学楼、罗马广场、图书馆，随处可见自习的人。刑事侦查学院 2015 级洪珊珊认为，学习是一种状态，如果状态好一点，效果也会随之改善，图书馆是她最喜欢的自习场地。"在三教四教，由于与上课时间的冲突，会有种被打断了的感觉，而在图书馆自习，可以保证不被中途打扰。"她表示，"图书馆里有很多课内知识的外延资料，还能充分利用网络资源。上课时老师讲的知识有时只是点到为止，只有通过大量的阅读才能真正了解透彻。"图书馆丰富的藏书，让学子在阅读专业书籍的闲暇时刻，还可以去找几本自己喜欢的书来朗读，不仅是放松自己的方式，更可以拓展眼界。

来学校之前，李智伟就听说西政有两个文化，一是"嘴巴子"，二是"笔杆子"。入学时参加了迎新杯辩论赛，辩手和观众高涨的热情令他震撼无比，而更令他震撼的是场场座无虚席甚至台阶上都坐满学子的讲座。"博学者，不仅对本专业知识要深入，知识面要广，更应该做一个有德之人。"这是姚翔对"博学"二字的理解。在早读队，学子们不仅可以学习英文知识，还可以学习如何与人交流，分享读书心得。"早读队的出现为学子们创造了一个良好的学习环境，营造了一个良好的读书氛围，我们希望越来越多的同学能加入早读队，共建校园良好学风。"颜怡如是说。

把自己交给故事，在明亮的清晨里，停下脚步，朗读风景。愿万千学子都能重拾朗读之习，用真挚的朗读打破孤独的高墙，用平实文字寻找情感的共鸣，重遇一行一页，再逢大千世界。

# 02

## | 笃行篇 |

　　《中庸》云:"博学之,审问之,慎思之,明辨之,笃行之。"笃定而实行,这乃是治学之终极目标。万言平国策,千卷治世书,悬置高阁上,也空留虫蠹食也。学以致用,这既是检验真理的最佳捷径,也是施展才华和抱负的必经之路。文化是抽象的,但文化总归是要在实践中体现其价值的。正因如此,笃行向来是西南政法大学文化不可或缺的一部分,被师生奉为准则,代代相承。

# 【法府独韵】

## 利剑出鞘　谁与争锋<sup>*</sup>

—— 记刑事侦查学院"利剑"特训队

"剑锋所指,所向披靡!"11 月 5 日,如利刃般锋锐的口号声划破笼罩黎明的静寂,南苑操场上,一队身着黑色特训服的身影格外引人注目。只见他们沿着操场,踏着整齐的步伐跑过一圈又一圈。纵然额角有汗滴落,神态却依然庄严。他们的眼神坚定执着,他们的步声铿锵似鼓。他们就是刑事侦查学院的"利剑"特训队。

## 壮志铸剑

"利剑"特训队成立于今年 5 月,是由 2010 级研究生、现任教于广东警察学院的江焕辉牵头,在学院有关领导的支持下创建的。

"考虑到当前部分大学生的身体素质偏差,而我们刑事侦查学院又有特殊的专业需要,所以我决定成立这么一支特训队。"江焕辉本科曾在中国人民公安大学就读,他把在本科期间学到的一些专业知识、警体技能结合学习经验,带到我们西政,"希望能优势互补,为我们西政的同学们带来些实质性的帮助。"万事开头难,事物从无到有,必然是个艰难而曲折的过程,他和一些有志于此的师弟在筹备和成立队伍之初确实遇到许多困难,诸如联系教练、招纳学员、场地申请等。"但学

---

＊ 本文作者:刘定朋　冯令泽南

院领导对我们很支持,在胡尔贵、曹婷婷、李莉、彭文庆等老师和教练的帮助指导下,经过我们紧张繁忙的准备,特训队最终建立起来了。"

"这支特训队的成立,有利于推动学院甚至全校掀起一股体能训练的热潮。这支队伍不仅是我们刑事侦查学院当前的一大特色,更是我们学生未来警体技能课的发展方向,在一定程度上契合了我院毕业生工作岗位的要求。"刑事侦查学院党总支副书记胡尔贵表示,"更为重要的是,这支特训队的成立,真实地展现了当代大学生追求自我强健的实践精神。少年强,则国强。某种意义上,这也是大学生践行中国梦的一种体现,我们会全力支持!"

人生在勤,不索何获。每个特训队成员对训练都有着极高的热情和自己的想法。"我非常想学一些特警知识和格斗技能。""我想提升自己的体能。""我喜欢挑战极限,不断超越自我!"

"我们学习的是公安类专业,未来的工作需要我们有良好的体能,掌握一些警体技能,早学习、多训练总是好的。"特训队队员聂楷义如是说。

就这样,在创立构想、领导支持、自我规范三方面的共同锻造下,这柄以特训队员身体为剑胚的"利剑"得以初步铸成!

# 铁血磨剑

一柄剑,必定要忍受千锤百炼,以血开封,经无数次战斗洗练,方能脱颖而出,登百器之巅,发出自己的锋芒。"利剑"特训队成立后的磨炼过程,亦是如此。

特训队员每晚要完成超强度训练,四百米操场十圈跑只是热身,扎马步、蛙跳、鸭子步、深蹲早已成为家常便饭。然而,如此超强度的训练却从未听到队员有所抱怨。"有时我们真的已经累得不行了,但队友间的相互鼓励支撑着我们坚持下来,我们训练的不仅是体能,更是一种意志力。"队员聂楷义如此感慨道。"流血、流汗、不流泪",特训队以自身的努力诠释着这句话。特训队有一位队员名叫袁建文,曾在训练中不幸受伤,送去医院后伤口缝了数针,医生建议他休息一段时间,待康复后再去训练。可第二天的训练场上依旧出现了他的身影,伤口还在往外渗血,他痛得额角都冒出了冷汗,即便如此,他也不曾有丝毫动摇。"我们都被他的坚持感动了。佩服他勇往直前的精神,崇拜他如铁似钢的意志。"队员罗成明说。正是在这种刚强队魂的指引下,特训队全体一路走来,不曾放弃,不曾言败。

2013 年 9 月 6 日,在刑事侦查学院开学典礼暨新老生见面会上,"利剑"特训队的格斗表演、搜查盘问、战术手语配合等精彩展示将晚会气氛推至高潮,赢得了经久不息的掌声与欢呼。但同学们可曾想过"台上一分钟,台下十年功"。真正的疲惫与痛苦、汗水与辛酸其实藏在幕后,藏在他们日复一日不曾更改的训练中。

是他们,不管是艳阳如火的酷暑炎夏,还是寒意刺骨的冷夜严冬,始终坚持在训练场上挥洒汗珠,释放内心灼人的热度;是他们,哪怕是因为训练倒功而手臂灌脓,依旧不允许自己稍作休息,一遍遍地重复着烂熟于心的动作;是他们,即使在淅淅沥沥的雨中,依旧初心不改,严格按照标准去训练。他们的队服被汗水浸透过、被霜露打湿过、被雨水冲刷过;他们的战靴,在天长日久的苦练中磨得很薄,雨天里总有雨水渗入,训练时间一长,就将他们的脚泡得惨白,然而他们却始终没有对自己说过"退"字。这就是刑事侦查学院的"利剑"特训队。

周一至周五的晚间和周末的清晨,或在操场,或在训练场,他们的训练日日不辍。他们在散打教练杨安兵的教导下,苦练格斗技能,精心打磨自己的战术技巧;周五晚上,被队员戏称为"魔鬼日",那天他们要以近乎残酷的方式激发身体的潜能,一次次地向自己的极限发起挑战……

泰戈尔说:"只有流过血的手指,才能弹出世间的绝唱。""利剑"特训队的队员们,以自己对警务知识、技能的热爱和对祖国的一腔热血,通过艰苦卓绝的训练,磨去了身体上的虚弱,磨去了精神上的软弱,磨去了无律散漫的作风;磨出了坚韧的意志,磨出了不怕苦、不怕难的精神品质,磨出了服从命令的自律,磨出了一柄锋锐铮鸣的利剑!

## 无畏亮剑

"我们'利剑'特训队还不够锋利,还需要更大强度的锻炼。"提及特训队已经取得的训练效果,现任队长、已是大三的陈官源如是认为。他说,广东警察学院也有一支学生特训队,称之为"飞豹突击队"。"与他们的特训相比,我们还是太'温柔'了。我曾和他们的队员一起训练,发现即使是他们的女队员实力也不容小觑,我的爆发力优于她们,可她们的体能却略胜于我。不得不承认,我们做得还不够,我会加训大二队员,为以后入队的大一新队员更好地特训做准备。"

11 月初,"利剑"特训队注入了新鲜的血液,一群血气方刚的年轻队员凭借一腔热血报名参训。在此之前,大二队员已完成紧张有序的训练和准备工作。因为他们是大一新队员的教练,一些训练方法和措施只有经过亲身体验后,才会放心地在新队员中实施。对此项工作,陈官源格外重视。他表示,队伍的传承和发展是队伍的核心问题,只有传承下去,"我们的初衷才能慢慢实现,影响和发展才会不断扩大"。"我衷心希望新加入的队员要有坚强的意志,无论如何不要因畏难怕苦而在中途放弃。我们会通过实实在在的训练,让队员们有一种认同感、归属感和自豪感。这是一支强者的队伍,而只有那些勇于战胜自我、敢于突破自我的人才称得上强者。"

人生几何,顽铁能炼成精钢的能有多少?不同程度的锻炼,必有不同程度的成绩;不同程度的纵欲放肆,必积下不同程度的顽劣。特训队的锻炼,相信会让他们以后的人生有更加超凡的成就。"看到他们的训练,让我热血沸腾。我渴望成为他们的一员,也炼出一身凛然之气!刑事侦查学院 2013 级新生林培勋说。

以爱国志作火,以强国心为锤,以血汗淬火开封的"利剑",定会发出它的铮铮之鸣,亮剑之时,扬剑之处,必定剑锋所指,所向披靡!

部分特训队员合影　金琦锋/摄

(本文原载于《西南政法大学报》2013 年 11 月 18 日总第 795 期)

【创业先锋】

# 创新创业　西政在前行[*]

## ——走进中国青年互联网创业大赛铜奖团队"巴蜀红椒"

一早在网上下单,两个小时之内就有送货员把刚从田地里采摘下来的新鲜有机果蔬送到家。会不会有人觉得这是在电视剧里才会出现的情景?但在两年后,这将成为重庆市民生活中习以为常的事情,而这一切得益于一个特殊的网络销售项目和它背后的大学生。

2015 年 9 月,"创青春"中国青年互联网创业大赛总决赛落幕。来自西南政法大学的"巴蜀红椒"团队凭借"巴蜀老农——有机果蔬的搬运工"参赛项目,经过四轮激烈角逐,成为重庆市唯一晋级全国总决赛的高校代表队伍,并摘得全国铜奖。"巴蜀红椒"团队,由来自管理学院 2012 级的王梓琳、许宇斌、徐栋、付杰、朱冬花五名队员及指导老师彭华伟组成。

## 伙伴集结　启梦创业

王梓琳是整个项目的负责人,最初也是她产生了"在网上卖菜"的想法,而这个想法还得从她参加的一个由重庆市委举办的创新创业培训会说起。在会上,她了解到我国农业生产技术比较落后、市场信息滞后、农产品的生产不能与市场需求相吻合等问题。与此同时,中央一号文件表明,国家正着重解决三农问题,并大力扶持大学生创业。管理学专业的她敏锐地嗅到了农业在市场方面拥有的巨大

---

[*] 本文作者:王汝霏　张红梅

潜力。"当时我就萌生了一个想法,要构建一座农产品与消费者之间的桥梁。"王梓琳说道。

想法归想法,王梓琳深知"单丝不成线,独木不成林",于是,怀揣着创业激情的她开始寻找自己的合作伙伴。通过微信朋友圈,她结识了付杰、朱冬花、徐栋、许宇斌,并组建了一个真正的创业团队——"巴蜀红椒"。

经过团队协商后,每个成员有了明确的分工。徐栋作为组长,需要安排落实各项任务,同时负责策划整个项目等;付杰负责制定企业战略,把握市场动向,规划团队未来的发展方向;朱冬花负责管理团队财务,估算今后企业投资的数额;许宇斌因为曾参与有关市场分析书籍的编制,对市场有较为宏观的把握,因此负责市场分析;王梓琳则负责市场营销,将产品推广出去。

"大学生是实施创新驱动发展战略和推进大众创业、万众创新的生力军,既要认真扎实学习,掌握更多知识,也要投身创新创业、提高实践能力。"李克强总理在对首届"互联网+"大学生创新创业大赛的批示中如是指出。而在创新日益成为主流趋势的今天,互联网创业行业正迅速发展并不断壮大,"巴蜀红椒"团队的互联网农产品销售模式在这样的背景下应运而生。

## 协同合作　扬帆启航

"我们采用的是'闭环式营销模式',即'基地整合+营销+流量+交易+供应链服务+口碑营销'。"王梓琳介绍道,"同时,我们将其中的供应链服务做成二维码,这样顾客通过手机扫描就可以看到产品的追溯信息:哪里耕种、何时采摘、保质期甚至产品成分等一应俱全。"供应链服务、基地整合及口碑营销是整个项目异于传统农产品销售模式之处,也是整个互联网创业的核心。在该模式下,他们主要将整个运营分为三个环节,分别是基地整合、市场调研和深化营销。

在基地整合环节,他们设想主要由团队派遣技术人员前往基地进行实地指导,以实现种植的标准化,最终达到"自种自卖"的目标,而不是单纯地将有机果蔬进货后来卖。因此,团队对基地的土壤、湿度等方面都有严格的标准,并会派专业人员指导,以使果蔬能够达到理想的高品质。

在市场营销方面,互联网成为了他们的农产品与客户之间的便捷通道。"果蔬种植好后,只要客户在相关页面上下订单,专门的冷链运送便会在两小时内将果蔬送交客户。"付杰说道。结合现在的市场需求,团队将消费群体定位在高收入阶层。为了使消费者信任产品质量，他们计划推出"体验营销"，让顾客通过多种方式看到合作生产基地的生产状况，参与到其培育过程中，同时注重与顾客的互动，邀请部分顾客参观，体验生产基地的生态化生产。成员们一致认为，互联网销售最重要的就是口碑，因此希望通过这样的体验，能够先在一部分高收入群体中建立起固定客源和良好口碑，再由客户向亲友推广，进而打造广阔的市场。

同时，团队还将充分发挥新媒体的优势。在线上，利用网站、APP、微博与微信等进行宣传，希望借此赢得一批稳定的客源；而在线下，团队则会更注重消费者的感受，打造人性化的消费体验。"我们不仅会带领客户到基地参观，让他们对我们整个生产过程有更全面的认识。"许宇斌说道，"还会在各个高档小区里进行巡回推广，举办定期的有机果蔬讲座，给客户群提供一个平台交流，使他们明白健康生活的重要性。"

## 不惧远方　梦想不息

"巴蜀红椒"团队凭借与众不同的创意和坚持不懈的努力，从市级初赛，到重庆市团委内推直接进入市级决赛，一路披荆斩棘，最后从 198 支创业队伍中脱颖而出，作为重庆市唯一一支创业组选手挺进决赛，最终摘得全国总决赛铜奖。此次获奖，对于团队所有成员来说，是意外之喜，也是极大鼓励。"当时并没有想到我们能获奖，真的喜出望外！我们的努力得到了回报！"成员许宇斌兴奋地说道。

敢想敢做并且坚持做。这是他们想向当今大学生分享的一条宝贵经验。赛后，他们参观了阿里巴巴总公司，付杰说："阿里巴巴现在之所以这么成功，就是因为马云敢做。所以年轻人想做什么，大胆去做就行了。"

比赛虽然结束了，但"巴蜀红椒"团队前进的脚步并未停止。根据他们的规划，明年这个项目就将从创意走向实践。在资金上，他们计划在 2016 年至 2018 年投入 200 万元运营资金。团队成员将自筹 40 万启动资金，申请 10 万地方政府的三农企业专项补贴资金，银行贷款 80 万，其他 70 万初步计划寻求与对这一领域感兴趣的风投进行合作。

在果蔬基地建设上，团队将会与重庆县城的村委会合作，请他们号召村民种植有机农作物，未来他们还将走出重庆，面向全国。在其他方面，他们也将顺应市场，积极做出改变。

"当前大学生创业既是顺应大众创业、万众创新的国家号召，也是解决当前我国一波又一波的'最难就业季'的可行之道。"团队指导老师彭华伟说道,"但正如当前各行业中的大佬所言,建议大学生能够拥有一定的工作经验后再进行创业。"但对于"巴蜀红椒"来说,他们中已有人步入了职场,经过了社会的磨炼,他们相信自己可以经得起考验。

"对于当下创业团队来讲,最好的团队是一个70后或者80后,带领一群90后进行创业。"徐栋说道。整个团队现在对未来充满信心,他们表示,当下拥有最适合的创业政策环境,国家在倡导、地方在扶持、高校在行动、个人在实践,正是创业好时候。

获奖团队合影

（本文原载于《西南政法大学报》2015 年 11 月 30 日总第 829 期）

# 怀着青春的热血昂首前行<sup>*</sup>

## ——记"创青春"全国大学生创业大赛银奖善书法律诊所

　　大学生创业向来是一条布满荆棘的道路,但西政善书法律诊所的每一位成员都带着青春的昂扬与热情,迈着坚实的步伐,勇敢地向前走去。随着 2016 年"创青春"全国大学生创业大赛落下帷幕,一个令人振奋的消息传来:善书法律诊所团队的创业项目荣获公益创业银奖。面对这一阶段性的胜利,回首这几个月来的风风雨雨,他们百感交集。

善书团队与索通律师事务所座谈

　　* 本文作者:练姝灵　颜森林　李晓繁

# 扬帆起航

　　"我们创办善书法律诊所的初衷是搭建一个整合法律资源的服务平台——当今社会需要这样的平台。一方面,社会上法律资源分配不均,律师接不到案源,法学学生也缺少运用专业知识的机会;另一方面,民众缺乏了解法律的可靠途径,遇到了法律问题不知如何找到专业人士咨询。"团队负责人曹雨如是说道。

　　2016年3月,在分别主修法学、金融学、会计学、市场营销和哲学专业的8名团队成员的共同努力下,以西南政法大学法律诊所为基础的善书法律诊所正式成立。团队以法律诊所10年的公益法律服务经验、学校丰富的法学人才资源和律师校友资源为依托,计划构建一个法学学生、律师与法律服务需求者在线交流的公益性法律服务平台,旨在改善目前法律服务市场信息不对称、资源分布不均等问题,努力满足群众日益增长的法律服务需求,实现平台的社会价值。

　　在此基础之上,善书法律诊所紧随信息时代的发展潮流,以"线上线下相结合"的方式将平台作用发挥得更加全面。一般的法律诊所通常都在线下活动,为附近的社区、街道、农村提供一些公益性的帮助,但是线下的方式存在覆盖范围较小、辐射范围有限等问题。作为习惯来往于网络世界的年轻一代,善书法律诊所的成员们自然而然地想到了线上服务——利用信息技术做一个善书的APP,以重庆为核心辐射西南、西部乃至全国,让更多的人都能通过APP得到需要的信息与帮助。

　　对于这个平台的建构,团队中的每一位成员都竭尽所能:会计专业的同学负责企划书、财务等方面的工作;法律专业的成员为法律服务平台的搭建联系各方资源,探索设计服务内容和形式;来自大连理工大学和华南理工大学的两名"外援"则为项目提供技术支持……各方面的人才会聚一堂,实现了优势互补与规范化管理,善书法律诊所团队迈出了扎实有力的第一步。

# 长风破浪

大学生创业,青春和梦想是资本,但同时也因为其身份的特殊性,注定困难重重。果然,这群怀揣理想的青年们出海不久,就触了礁。一个项目的成功需要方方面面的支持和落到实处的配套政策,而大学生创业不仅需要导师的支持,更需要大量资金支持与配套设施。由于善书法律诊所是一个非营利性的公益平台,比起其他营利性的创业项目,想要获得保证其正常运营的资金支持,是一件极为困难的事情。除此之外,成员课业繁重,可供分配的时间有限,讨论会的开展屡屡碰壁也让大家焦虑不已。

但面对困难,方法总是比问题多。找不到聚在一起的时间没关系,线上讨论的方式照样能碰撞出思想的火花;缺少资金也没关系,从西南政法大学司法鉴定中心,到各地法院、检察院、律所、高校的法律援助组织,在这些宝贵的资源中,他们不但获得了诸多帮助,还了解到不同法律公益机构的运行机制和模式,并与之达成了初步的合作共识。

"我们老师只为他们指明方向和提供一定程度上的指导,并没有参与到具体的活动中。在项目进行过程当中,他们都是利用自己的资源以及学校提供的资源,自行展开相关的调研或实践活动。"作为指导老师,彭华伟见证了善书法律诊所团队的成长过程。在他看来,这几个年轻人的综合能力和素质都很强,工作效率高又能吃苦,在他们手中,善书法律诊所这个创业项目一定能顺利进行下去。"他们都很优秀,都敢闯。"话语简单却饱含一位老师对团队成员极大的肯定与支持。创业之路荆棘丛生,但善书法律诊所的成员们凭着敢拼敢闯的精神,一路披荆斩棘,长风破浪。

# 乘风远航

正如成员李萌所言,本次的"创青春"大赛对于每一位参赛者来说都已经不仅仅是一场比赛,荣誉并不是终极目标。在这追逐成功的过程中,他们收获到的友谊和实践经验才是最宝贵的财富。谈及团队所参与的社会实践活动,团队成员纷纷表示"送法下乡"活动最令人印象深刻。"我们当时为村民讲解婚姻家庭法的相关法律知识，因为普法方式比较接地气，所以村民们都很容易理解。与他们交流，真的收获良多，很开心能学有所用。"区绮琳讲道，"有一次法律咨询时，一位老大爷从很远的地方特意赶来，当看到我们后他激动地说'你们这里太难找了'，那一瞬间，我突然真切地感受到了我们存在的意义。"

"送法下乡"也并非总是如此轻松。村庄里的村民大多文化水平不高，缺乏对法律的了解，甚至缺少最基本的法律意识。要想让他们愿意听、听得明白，普法的方式就极其重要。几名年轻人经过商讨，决定放弃传统普法活动中规中矩的严肃讲解，而是采用讲解中穿插故事的方式，并且用方言讲述。这样生动活泼而接地气的大胆尝试获得了强烈的反响。村民周昌碧毫不掩饰地表达了她对善书法律诊所的欢迎："他们的叙述很有意思，讲的道理也简单易懂。要是能在我们这儿多待几天就好了。"

通过"送法下乡"，他们解答了一个个法律疑问，普及了法律的基本常识，为那些因不懂法律而很难用法律去解决生活中法律问题的人提供了行之有效的解决途径。"送法下乡"活动，一方面以很实际、接地气的方式让更多民众知法、懂法、守法、用法，极具教育意义；另一方面，也让团队成员得到了更多的实践经验，也有利于增强大学生关注社会的意识。

如今，站在这前一阶段的终点与后一阶段的起点交接之处，善书法律诊所中的几位年轻人并未沾沾自喜，而是蓄势待发，等待下一阶段的角逐。"今后，我们一方面将继续开展社会实践活动与宣传，扩大影响力，以争取重庆市教委等相关部门的支持；另一方面则会陆续邀请办案经验丰富的律师精英来录制普法视频课程，使更多群众便捷地了解法律、遵守法律、使用法律。"曹雨表示，无论如何，善书法律诊所团队将始终秉承公益创业的原则，勤勉尽责，不断调整公益法律服务的方式方法，开拓新的法律服务领域，力求为我国法律服务在广度和深度方面带来新的拓展和突破，努力打造未来中国最大的公益性法律服务平台。

诚然，大学生创业一直是个颇有争议的话题。在当今的社会大环境下，许多大学生不再仅仅追求一成不变的生活，他们渴望创新与激情，希望从创业中探寻青春的意义。对于大学生创业，如果学校和社会能够给予更多实实在在的支持和帮助，让他们能大展拳脚，就有可能收获一份别样的惊喜。作为一个大学生创业的团体，善书法律诊所带着年轻人特有的纯真与朝气，紧跟时代潮流、不断创新、勇往直前。相信在未来的航行中，他们定会抵达更远的彼岸。

（本文原载于《西南政法大学报》2016 年 12 月 18 日总第 848 期）

# 苜蓿咖啡店　创业合伙缘[*]

在西政校门之外，一条居民小巷内，一间挂着暖黄色店牌的咖啡店，静静矗立着。近四载春去秋来，见证着一个个梦想由这里起航。这家小店是普通的，在喧闹的街角划出了一片幽静之地；而它又是特别的，凝结着西政青年的创业梦想与汗水。近日，《人民日报》《重庆商报》等媒体将"苜蓿"作为大学生创业的典型代表，对我校张伟、廖成成等同学经营的咖啡馆进行了报道，引起了广泛关注。"苜蓿"何以成为大学生创业的典型代表，又为何能届届相传？置身于"苜蓿"中，在此便会找到答案。

## 缘　起

"从小我就有一个梦想：开一家属于自己的咖啡馆。不必非常大，但一定要让人觉得很舒适。"创始人之一张伟如是说。2011年8月，怀揣着这一梦想的张伟在了解了一些有关创业的知识后，决定与三位志同道合的同学合资开办一家咖啡馆。"白手起家"，为纪念人生的第一次勇敢尝试，寄

张伟正在制作饮品　常烨/摄

* 本文作者：孙鹤瑶　苏姿任　桑亦馨

托美好的祝愿,四人斟酌许久,最终决定以"苜蓿"为名。苜蓿即三叶草,而象征幸运的四叶草便藏于其中。他们想借此寓意,开启充满未知与憧憬的创业之旅,并希望来到这里的客人能找到属于自己的幸福。

扬起了"苜蓿"的旗帜,真正的旅程才刚开始。令张伟他们惊讶的是:看似简单的创业背后,隐藏着太多的艰辛。"最开始我们什么都不太懂,只有一个粗略的设想和目标,但真正具化到每个细节——装修、管理、技术、设备……我们都不了解,所以开店的计划落实起来非常困难。"张伟回忆道。虽然后来明确了细节,但是没有供货商、木工等专业人员的协助配合,加之对行情不熟悉,为了装修破乱不堪、废弃材料堆积的原始店面,初闯社会的四人吃了不少亏。廖成成感慨地说:"我们几乎跑遍了整个重庆,买水泥、买沙子等原料,又自己一点一点地抬水泥、凿墙,真的非常累!"

经过一番努力,小店终于在四人的热切期待下开张了。但是令四人受挫的是由于管理制度不完善,"苜蓿"最初的运行出现了许多问题,经营状况并不乐观。首先是营业时间短,四人为兼顾专业课,小店一周就只经营一两天,导致经营状况非常惨淡。其次是分歧大,解决办法不明确。四位合

苜蓿咖啡店的3个经营者正在店内忙碌　李化/摄

伙人意见产生分歧时,很多事项无法及时决定……问题层出不穷,常使他们焦头烂额。但"初生牛犊不怕虎",虽然饱受困扰,时常蹦出放弃的念头,但在相互扶持下,他们最终还是选择了坚持。经过一段时间的磨合,他们总结经验,制定了例会制、一票否决制等制度以便及时反思不足、解决争议。同时,他们还细化分工,将物资管理、进货、店内的杂事等分由专人负责,提高经营效率。管理体系逐渐明晰,在他们苦心经营之下的"苜蓿"也渐渐步入正轨。

# 传　承

苜蓿咖啡馆的特别之处,不仅在于它的经营者是学生,更在于它"届届相传"

的经营模式。老"合伙人"即将毕业时,新"合伙人"入股。"最初我们只是想圆自己的一个创业梦想。但经历了一些困难,才知道目前中国的大学生创业状况并不乐观。而且如果因为我们的离开而将'苣蓿'荒废了,岂不白费了我们当初的努力?"张伟说。因此,把"苣蓿"作为大学生自主创业的平台,实现"届届相传"成为了合伙人们一致的选择。

"大学生创业的优势在于其创造性和活力。"廖成成说。十余年的应试教育,许多人被捆绑于繁重的学业中,许多创业构想被现实压制。大学是实现梦想的地方,一旦被压抑的创造力喷薄而出,他们定会闯劲十足。但资金不足、市场调研不够、想法过于简单往往让现实给许多人泼上一盆冷水,甚至浇灭他们的创业热情。

廖成成正在小店里忙碌　常烨/摄

为了能让更多学生加入创业的队伍,他们决定让"入伙"方式多元化:有资金的同学以财物出资,协助经营小店并从中学习经验;资金不足的同学则可以劳务出资,在店里兼职,在获得报酬的同时,可以在工作过程中免费学习一些管理办法。对于新成员在创业方面的困惑,老"合伙人"还会根据自身经验给予建议,解决他们的顾虑。

"苣蓿"是四位创始人创业的见证,更是创业"传、帮、带"的纽带。"合伙人"一届届更替,带走的是奋斗的美好记忆,留下的是宝贵的创业经验。在新"合伙人"入伙前,他们都要接受培训和考察。老"合伙人"会手把手地教他们调制饮料和制作糕点,并将管理上的经验传授给新成员。在培训新成员时,张伟曾说:"我希望来到这里的每一个人,都能学到一些经验,在未来可以用得上。这样,当回想起大学四年,自己确实在这里学到了许多书本上不曾有的知识,时光并没有虚度。"

此外,他们正计划和学校协商,在校园内部设立"苣蓿基金",帮助那些有创业想法却因资金不足而创业受阻的学生实现梦想。"几千元的资金不是很多,但希望它能让更多的同学勇于尝试,不断超越自我。"

"这么小的店,帮助实现大学生创业梦想的能力确实有限,如果想让我们的创业理念影响到更多的大学生创业者,首先自己必须做大做强。"廖成成表示,安于

苜蓿咖啡店诚招合伙人 常烨/摄

现状，小店的经营将永远没有上升趋势。苜蓿咖啡馆在未来一定会开分店，也只有这样才能以小店为平台，为更多的大学生创业者提供支持。

从最初仅是创始人梦想腾飞的舞台，到转变成为大学生创业实践平台，"苜蓿"点燃了许多梦想者的创业激情，传递着梦想的火炬。至今，这家小小的咖啡馆已按照这样的方式换了八名"合伙人"，而只要"苜蓿"还在，创业的火炬不会停止传递。

# 记 忆

"我要一步一步往上爬，在最高点乘着叶片往前飞，让风吹干流过的泪和汗，总有一天我有属于我的天。"回顾往昔，创业那段艰辛历程，流过的汗水将岁月冲洗得格外透亮。那些人，那些事，足以让他们在几番辗转之后，重新审视人生，坚定理想，迈步向前。

店内场景 常烨/摄

"最初来西政时，我就想考公务员，想从政。但在经历创业的种种体验后，现在如果让我年复一年地待在一张办公桌前，一定坐不住。"张伟说，他希望能做自己想做的事，而不是画地为牢，将自己困在一个圈子内。改变的不仅是心态，更是做事的方法。身为管理者，经过四年的锤炼，他深知计划的重要性。曾经不知计划为何物的他，开始懂得将自己的想法付诸行动，并在此之前做好详细长远的计划。在创业中逐渐形成的习惯、转变的心态让他人生的方向更加明确，并将一直影响着他，踏上未来的旅程。

现在,对于"苜蓿"的成员来说,它并不仅仅是一家咖啡馆,更是一本记录册,写满了青春的故事。"我不清楚和我一起创业的他们在我心里意味着什么,但我大学里所有快乐的、印象深刻的记忆里,都有他们的身影。"张伟回忆着。

心形的照片墙,厚厚的心情记录簿,一排排装着各种咖啡的瓶瓶罐罐……"它们时刻提醒着正在人生路上的我们,偶尔回头看看自己走过的路,反问一声:'自己又有了哪些变化?'看看曾经的梦想,自问一句:'我们是否还在坚持?'"有位"苜蓿"的常客,毕业那天,她最后一次来咖啡馆,看着自己几年前写下的文字,

咖啡店面 常烨/摄

泪流满面。"苜蓿"记录了青春的日子,泛黄的纸页永远留住了那一天,那一分,那一秒。"我们是'苜蓿'的常客,待在这里的时间比张伟师兄都长,对这里感情很深。""苜蓿"的新合伙人民商法学院 2012 级喻尹亭和彭诚说道。

即使已不在同一座城市,但他们之间相连的那名为"挚友"的丝线却没有因此切断。聚在一起时,往事便一一浮现,把酒言欢,共同叙说着当年创业时的往事,不知不觉,已过了大半日时光。

"'苜蓿'在不断变化,合伙人不断更替,饮品不断更新,但初衷却从未改变。"大学生合伙的经营模式、先辈的实务经验教授,仍会届届相传,将创业的勇敢精神传承下去。人生不仅只有一种可能,是时候该寻求改变了,揭去身上的标签,寻觅不同的人生风景。那些满怀着创业梦想的少年啊,咱们一起创业吧!

(本文原载于《西南政法大学报》2014 年 4 月 30 日总第 802 期)

【实践行者】

# 校内"职场"经历助学生成长成才*

当兼职对于大学生而言已成常事,当发传单、推销商品已在个人简历中司空见惯,不同的兼职人群之间也产生了高下之分。学校之外的花花世界为学生们提供了诸多的机会,进入企业和公司学以致用,担任家教传递知识,驻扎甜品店内微笑服务……

然而兼职并不是校外的专属名词,在学校的象牙塔内有这样一群人,他们不用走出校门就可以拥有一份工作,同样有薪水,有压力,但是学校所提供的工作能让学生们有更大的收获。这是学生们的福利,也是学校用心良苦培养人才的手段。这种新型人才培养方式来自教育部官网 2015 年 1 月 14 日公布的《关于做好研究生担任助研、助教、助管和学生辅导员工作的意见》,为了响应中央的号召,学校聘用了近 40 名研究生担任研究生助管工作。研工部资助科科长左逾表示:"在助管岗位上,我们可能不会教或者教不了研究生专业的知识,但是处理事情都有一定之规,即都要找到脉络线条之后,以最合理、最有效的方式去解决。这些在课堂上学不来,却能够在实际的助管工作中得到锻炼。"对于助管来说,经验丰富的指导老师言传身教,是最快捷的学习方式。

## 行政助管引领实习之路

行政法学院 2015 级硕士张佰发合上了手中的书本,他目前正在人权教育与

---

* 本文作者:毛紫雨　杨祖贤

研究中心担任行政助管,每天的工作主要是帮助老师接收和处理文件。"在这里工作,从物质上讲,每个月大概有七百块的工资,这和校外的兼职收入差别也不大,而且在学校工作,能学到知识是毋庸置疑的,最重要的是能够增强处理各种事情的能力。平时的工作需要我和其他部门接触,在这个过程中我学会了如何协调办事,这非常利于我自身能力的提升。"张佰发如是说。

刚开始,张佰发连传真机都不会使用,甚至在送文件时,找不到对方部门所在地。通过老师手把手地从如何做事情,到如何给别人送文件、递文件进行教导,以及自身的探索和努力,张佰发的工作渐渐上手,并且愈加熟练,现在他对中心乃至整个学校的运转方式都比较了解。人权教育与研究中心的母睿老师评价说:"张佰

张佰发

发同学是一个非常合格的助管。工作方面,他很积极,而且愿意边做边学;为人处世方面,他大方得体,与老师和同学的相处比较融洽,这或许跟他的性格有关;除了上课,张佰发的空闲时间基本上都'贡献'给了中心,对于课程比较紧的一年级同学来说还是很辛苦的,但正是这种全身心的投入给了他很多学习的机会。"

在母睿老师眼中,研究生助管这个制度是一个双赢的制度,它既能协助学校行政机关和各院部开展工作,又能为研究生所必经的实习环节做好充分的准备。"到了研二下学期,每个研究生都会迎来实习这一重大的实践活动,从未有过任何经验的学生如果只靠自己慢慢摸索,那么等到好不容易上手了,可能短短三个月的实习期也要结束了。如果能够在实习之前在学校里就进行一定程度的锻炼,尽早掌握一些行政办公的信息或为人处世的协调能力,那么在实习中所获得的收益就会大不相同。"

每一份经历都是一次难能可贵的收获,研究生助管尤其如此。

## 办公历练带来不同风景

"殷霁薇是一个踏实认真的学生,工作细致,能吃苦。在面试时我就觉得她思

路清晰,工作态度好,性格活泼开朗,个人能力也不错。"党委办公室工作人员张珺口中的殷霁薇是位政治与公共管理学院 2015 级硕士,目前正在党委办公室担任助管。

对殷霁薇而言,党办的工作很琐碎,包括资料的整理和汇总、文件的准备、会议的筹办等。因为工作中容不得半点马虎,并且很多东西需要一遍遍地修改,因此极大地锻炼了她的耐心和细心。而这份党办助理的工作与她之前的兼职经历也迥然不同。

殷霁薇是一个热爱生活的人,她会趁着闲暇时间去游历祖

殷霁薇

国的大好河山;她喜欢各种娱乐,比如唱歌、跳舞、打台球、看电影,还喜欢尝试不同的工作。她曾在面包店打过工,也曾在私企做过文案,还在投资公司和证券公司实习过,虽然工资都不高,但这些经历都很有意思。在面包店工作时,会遇到许多可爱的小孩子,为了吃面包使劲地向家长撒娇;做市场工作时,会遇到各种各样的客户,接触不同的客户会给她带来不同的感受。在殷霁薇看来,自己心态的变化和遇到事情时处理方式的转变才是兼职真正的收获。而在担任研究生助管时,她同样收获很多,比如抗压的能力,时间的分配和安排。这份工作提高了她在办公室工作所需要的办文、办事和办会能力,也提高了她的综合沟通和协调能力。虽然她目前还没有对未来的职业做出一个明确的规划,也没有打算一定要进入机关单位工作,但是这次助管经历对于喜欢挑战的她而言却是难得的风景。

## 学生助理助力实践步伐

学生助理这份工作会给不同的人带来不同的感受,于法学院 2015 级硕士苟静而言,在就业办担任研究生助管,能够给自身的就业、实践带来巨大的帮助。虽然一开始做这份工作时,她也有过犹豫,因为刑法专业的她学习任务特别重,每周要看两百多页的论文并写读书笔记,每学期还要完成两篇六千字以上的课程论文。

但是就业办老师的关怀让她坚持了下来,平日里她的工作很琐碎,也比较简单。"我平时主要是协助就业办的老师,帮她整理资料。这一学期的重头戏就是双选会和学生就业,除了这些,平时会有很多单位来学校做宣讲,我们负责这些单位的接洽工作,他们来了我们要接待,他们走了之后我们要反馈。学生在求职期间遇到的各种困难也是就业办在处理。"苟静说道。她曾在律所和司法局实习过,也在寒暑假做过许多兼职,卖过电视机,推销过书包,发过传单,做过服务生……与这些工作相比,在她看来,研究生助管这份工作比较有连续性,虽

苟静

然也是勤工助学,但能学到更多的东西。在就业办工作有利于她了解更多关于就业方面的信息,比如面试时,面试官一般会问一些什么样的问题;与用人单位的接触则让她对不同的单位需要怎样的人才有了比较深刻的了解,这样她便会去思考这份工作适不适合自己;在工作时与其他同学的交流沟通极大地提升了她的沟通能力。除了能力的提升,通过这份工作帮助到同学的成就感也让苟静极为开心。

校内"职场"比起校外"职场"更具有安全性和稳定性,虽然与有的校外兼职相比,校内的兼职薪酬较少,但是研究生助管这份工作让研究生有更多的机会与老师接触,通过老师的指导来改正自身的不足。虽然这个制度并不完善,正如母睿老师所说,如何严格、有效、科学地进行考核以及如何教会他们更加实用的知识还需要进一步探索,但这项制度的建立本身便是学校创新人才培养模式的一大进步。

没有哪一所高校不是为培养人才而生,但唯有不断改革创新才能保证所培养出的人才是这个社会真正需要的人才。探索新型人才的培养方式,西政一直在路上。

(本文原载于《西南政法大学报》2016 年 4 月 18 日总第 836 期)

# 终觉纸上浅　躬行感悟深[*]

　　2016年10月8日,民商法学院2014级年级总班长谢钧镝结束了为期三个月的专业实习,回到了阔别已久的校园。酷暑炎炎,假期本是学生们难得的休闲时光,但对于谢钧镝在内的众多西政学子来说,这更是接触社会、磨砺自我的好时机。"专业实习能让大学生们更加了解对口工作的真实情况,从而调整自己的努力方向,对现实社会有更深刻的思考。"民商法2014级辅导员蒋莉如是说。

民商法学院**2014**级实习照片(一中院)

---

　　[*]　本文作者:程侬　韩雪征　杨雅涵

# 不妨主动"找事"

主动，是每一个"新人"所应该具备的态度。通过主动学习，实习生可以在最短的时间内将书中的理论知识很好地运用到实践中。民商法学院 2014 级党支部宣传委员彭钰涵在重庆一家律师事务所实习，在完成每日整理案卷材料和结案报告的常规工作后，她翻开了厚重的档案，看着一篇篇精简严谨的起诉词，深有感

彭钰涵（左一）

触："在西政，我了解过基本的文书起草流程，但在实习工作时，每个文书起草的细节使我真真切切地体会了那句'纸上得来终觉浅，绝知此时要躬行'。"她坦言，一开始把审查报告浓缩成书状时，确实有难度，但是通过大量查阅以往的起诉词，结合教授传授的专业知识，她很快就掌握了起诉词起草的规范方式。彭钰涵还表示，实习工作和大学生活很不一样，社会更需要学生具备自主思考和多渠道获取知识的能力。

而对于民商法学院 2014 级团支部书记吴霞来说，主动学习是她初入职场的第一课。她时常回忆起自己刚到成都渠县基层法院实习的第一周："刚开始，指导法官并没有给我安排太多的工作。看到其他的实习生每天忙碌而充实，干劲十足的我变得有些失落。我意识到，学习应该主动。在这之后，我主动找到其他法官，以一丝不苟的工作态度，帮助他们草拟判决书、

吴霞

做庭审和调查的笔录,学到了丰富的实践知识。"在学校,吴霞俨然是众人眼中的"成功人士",她不仅多次拿到奖学金,还是各大比赛中的熟面孔。"主动学习"这一课必将帮助吴霞获益更多,走得更远。

不同的专业在实习中有不同的精彩,新闻传播学院2015级王桐得到了在重庆商报的实习机会。在实习的两个月中,她在每日提前上班的准备时间里处理杂事。从琐事之中,她明白了"一屋不扫何以扫天下"的深意,她也领悟到了编写稿件所需要的专注与细致。一有空闲,王桐就会主动协助指导老师完成相关任务,以此去锻炼提升自己的工作水平。主动学习,发掘机会,这是一个普适的方法。

## 学会适应环境

在实习时不仅要学会主动"找事",还要学会适应环境。与在中西部地区实习的吴霞、彭钰涵不同,谢钧镝来到了经济高速发展的深圳。由于没有相关人员安排生活起居,他和同伴们事事都要亲力亲为,琐碎的事情一件接着一件,不给他们喘息的机会。极高的物价,让他们不得不走街串巷,只为寻找一家低价的餐馆;遥远的路途,让他们每天必须提前一小时从住处出发;拥挤的人潮,给他们挤上地铁公交车增加了不少难度。在谢钧镝看来,他们都抱着匡扶正义的梦想踏入这个日新月异的世界,却发现最大的敌人不是困难的工作,而是琐碎的生活。走出象牙塔后,周围有太多世俗的东西,只有适应环境,才能更好地实现职业追求。"追求梦想与将顺生活并不冲突,就像柔软的母贝忍受沙子,才能孕育出润泽的珍珠。"他这样评价道。

在适应环境方面,王桐也深有体会。实习第一天,王桐踏入了商报的会议室。起初,她并没意识到自己应该顺便整理会场杂物,所以没有留心会场的整洁程度。会议结束后,实习指导老师悄悄告诉她,要注重会场的整洁,

王桐

随手规整杂物虽是不经意的细节,但足以展现个人良好习惯。王桐反思道:"我们这一代人,大部分是独生子女,很多人待人处世的能力还有待提高。这件小事充分证明了我还有很多东西需要学习。"王桐感慨道。萧伯纳曾言:"明白事理的人使自己适应世界,不明白事理的人想使世界适应自己。"刚进职场的"小白"通常只被安排做一些最简单的、需少量专业知识甚至是打杂的事情。很多人认为这是埋没自身才华,浪费青春时光。但谢钧镝却不以为然:"一些人觉得自己在公司不得重用,是因为无人赏识,而选择跳槽,可他们在新的公司中依旧无法适应。雄心和野心最大的差别就在于一个人是否拥有恒心和耐心,简单的打杂也可以教给我们许多待人接物方面的道理。既然不能驾驭外界,我们就要驾驭自己。当才华还撑不起雄心、能力还驾驭不了目标时,我们就应该静下心来学习,沉下心来历练,把一切交给时间。"学会适应工作环境是职场人的必修课,不急于求成,不急功近利,才能汲取到更多对自己有利的知识。

谢钧镝

## 当理想照进现实

"法学是追求正义的。"这应该是法律人用一生去践行的话。

吴霞在民法庭工作,负责的案件主要与民间借贷、商业纠纷有关。谈及自己学法的初衷,吴霞感慨万千:"我最初是想要帮助弱势群体,因为一些底层群众不懂法不知法,无法有效维护自己的正当权利。想要实现理想,我还有很长的路要走。在一个案件中,农民工工资被拖欠,却因他们拿不出实际证据而无法得到报酬,我觉得既辛酸又无奈。"彭钰涵在实习前,本以为律师是一种可以自由运用学到的知识去帮助弱势群体的职业。但实际上,律师代理案件是有偿服务,而弱势群体大多无力支付律师费。"尽管有些人已经被金钱蒙蔽了双眼,但还是有许多律师,正直善良,始终追随自己的内心。善良是法律人最应该坚守的品质,我们不能凭借自己的专业知识,钻法律的漏洞。一个懂法的人,却行走在法律的边缘,是一件十分可怕的事情。我希望能以我所学,完善法律,匡扶正义。"在实习后,彭钰涵更加坚定了"保持初衷"这个想法。

在报社实习的王桐，面临着同样的问题。新闻工作者可以通过报道帮助他人，促使社会进步；但也有一些人利用自己的言论去谋私利。王桐说："新闻工作者，每一天都在寻找热点与写稿改稿中度过。可能工作了几年后，曾经有过的激情、有过的崇高理想，渐渐地便遗忘了，习惯了麻木不仁，习惯了无动于衷。很多人开始把它视为一个赚钱的工具，贪图轻松而忘了初心。"但新闻需要有血有肉的人来诉说，不忘初心，是新闻工作者最难得，也最应该保持的品质。

当我们初入社会时，会因为经历或了解一些不公正的事情却无能为力而迷茫沮丧。经济法学院 2015 级毛紫雨在检察院实习时，与科长一起去看守所审问犯人，做笔录。在审问时，她会接触一些犯下吸毒、盗窃等各种罪行的人。"这些人可怜又可恨，他们让我感受到人性的复杂和社会的现实。说实话，最开始我很难接受，觉得很迷茫，也很无能为力。以前这些罪行我可能只是看电视看电影才会知道，但当我真正在现实中与他们接触时，我才发现这些犯罪行为就在身边发生着。"有一段时间她很抗拒去看守所，但她明白这是她的责任，必须勇敢地去面对。"那个时候我想起了我的老师曾说过的一句话：'我们作为法律人，要接触的是社会最黑暗的一面，但正因如此我们要心怀最光明的理想。'"毛紫雨表示，虽然后来她仍然会胆怯，但她还是主动去看守所询问犯人，而通过现场询问和翻阅他们的案卷，她也真实地了解到他们的人生。只有了解了这一部分人，才能更加了解当下社会中的种种问题。只有千千万万的法律工作者都有丰富的实践经验，他们才能更好地建设法制社会。

"纸上得来终觉浅，绝知此事要躬行。"通过专业实习，同学们能够提前了解到日后工作岗位的基本情况，在进行职业生涯规划的过程中，找到自身优势与劣势，不断实践锻炼，进一步提高自身的综合实力和竞争力。但对于不同的人来说，几个月的短期实习的收获也各有不同。有人觉得自己只是浪费了暑假时光没有学到真本事，但有人却觉得自己受益匪浅，绝不是在学校里读几本书能够学到的。如何为自己的实习交出一份满意的答卷？想来除了主动学习的态度、对环境的努力适应、对理想信念的坚持以外，我们应该努力做的还有很多。无论如何，收获来自于付出，你的答卷上有几分，取决于你为这个分数付出了多少的努力。

（本文原载于《西南政法大学报》2016 年 10 月 18 日总第 844 期）

# 努力晨昏事　躬行味始长[*]

## ——法学院 2015 级硕士研究生专业实习侧记

　　随着社会的不断发展,"实践出真知"这一观念也越来越深入人心。莘莘学子在积累丰富理论知识的同时,为了提升自我、开拓视野,纷纷踏上社会实习之路。日前,法学院 2015 级 265 名硕士研究生顺应时代潮流,奔赴全国各地,前往 32 个校外实习基地报到,参加为期三个月的专业实习。对他们而言,专业实习是一次挑战,也是一个难得的机遇。

实习动员合影

* 本文作者:敬雪华　练姝灵　陈雨佳

# 和衷共济　决胜千里

　　若要成为优秀的法律人,学子们不应只拘泥于课本。尽信书不如无书,不接触实际案例,终究只是纸上谈兵。"这次实习不仅是学校教学培训计划中要求学生毕业前必须完成的任务,更是他们步入社会前的一次'试飞'。"法学院副院长颜飞如是说。的确,在实习中积累的经验将为学子们成为优秀法律人才助力,这次实习不仅可以增强他们对社会的了解和适应,而且也是他们离开象牙塔之后的人生新起点。

　　"法学院的领导和老师高度重视这三个月的实习。为了圆满完成此次实习任务,他们做了充分的前期准备。"颜飞介绍说,除了与实习单位提前做好沟通,学院还进一步召开实习准备会、各组长会议,强调各组长责任,要求事先做好学生动员工作,引导学生选择适合自己的实习岗位,实习期间定期抽查实习情况,注重学生安全及纪律问题。

实习前期准备

　　基于长期的沟通交流以及合作,法学院与全国65个实务单位建立了教学科研实践基地,并形成了与实习流程相匹配的合理制度。校方负责培养输送硕士研究生,单位负责提供实习岗位,并尽可能创造一个良好的实习环境。"我们一般会选择校友单位,因为校友可以提前知晓单位供职信息,给予研究生一些关照和业务指导帮助,生活上也能尽力争取到更合理的报酬和生活保障条件,为硕士研究生选择岗位提供不少便利。"颜飞说。正是依靠各方面的共同协作,方才保障了此次实习有条不紊的进行。

　　然而在繁复的工作中,出现波折是在所难免的。学校不仅需要不断更新实习情况,为学生提供最新的信息,还要不断地接收实习单位的反馈,持续关注学生的实习工作情况。但是相比之下,更为困难的是与学生的沟通工作。导师遇到的首要问题是如何解答学生对于学校集中分配实习的诸多疑惑。很多学生都希望能自主选择实习单位,而事实上,由于实习生数量太多,校方本着为学生安全负责的态度,出于方便管理的考量,选择了统一集中安排,原则上不允许学生或校外导师自主联系实习单位。"我们已经尽了最大努力与实习单位沟通,但单位提供的实习岗位毕竟有限,难以让所有学生都达到自己的期望。"颜飞解释道,"在这种情况下,有的学生可能会产生负面情绪,对此我们基于公平的原则采取抽签的方式来决定岗位的分配,同时我们积极关注学生们的心理变化,及时加以引导。"

## 事必躬亲　力学笃行

此次实习从二月开始,直到五月结束,目前实习生全部到位。面对实习生活,实习生付情深有感触,她说:"拿着手中的实习生证,就会感受到老师的嘱托和实习单位的期盼给予我的沉甸甸的责任。我相信,此次实习相聚重庆市第一中级人民法院,一定能开启我们的人生新起点。"对此,实习生袁汉兴也深有体会,他认为,实习能让他们深入法律实践的第一线进行学习,直接请教一线办案干警,通过司法实践检验以往学习到的专业理论知识、积累相关司法实践经验,是十分宝贵的机会。"感谢学校学院给予我们这次实习机会,也衷心感谢大足区人民检察院为我们提供宝贵的实习岗位,并根据兴趣特长为我们安排了相应的科室。"面对实习生活,大家心中有忐忑,但更多的是兴奋与期待——借此机会更好地了解实务,事必躬亲,力学笃行,将专业知识与现实相结合。

法条的准确理解需要解释学的支撑,而法条的正确操作离不开办案经验的积累。在实际办案时,很多现实情况与书本内容会出现偏差,有时甚至产生冲突。一味机械地将课本里的条条框框套用在现实中的实际案例里,无疑是不合适的,这就需要实习生接触和了解现实状况,增长实践经验。袁汉兴提到一个令他印象

小组长会议

深刻的信用卡诈骗刑事案件中的情节:"关于司法解释中提及的'透支后逃匿、改变联系方式,逃避银行催收',办案干警告诉我,不能因为行为人不在本地或改变

联系方式就机械地认为对方有逃避银行催收的目的,需要进一步查明详细情况,才能确认对方的主观意图。这是我此前未曾注意到的问题。"

　　而实习生何艳丽则对"先予执行"一事印象深刻,她回忆说:"在以往的学习生活中,我接触到的书本和法条都明确允许先予执行,但接触实务之后才发现,法院几乎不适用这一规则。很多人都利用管辖权异议来拖延时间。"实践中的一桩桩案件,不仅再次强调了扎实专业知识的重要性,也让学子认识到将书本知识转化成实践技能需要一个逐步累积的过程。将书本知识和实践经验融会贯通,根据实际情况灵活处理,是成为一名优秀法律人的前提条件。"虽然工作琐碎,但只要细心去观察,深入了解基层法院的办案氛围,放平心态完成好手中的任务,实习工作就会顺利进行下去,自己也能学到想学的东西。"何艳丽如是说。尽管实习生们更多时候做的都是一些如整理卷宗、贴邮寄单等琐碎的小工作,但终究是走出了学校这座"象牙塔",有机会去直接接触法院等机关的运作流程,了解到大量的真实案例。对于一些有明确目标的实习生来说,他们可以带上问题去接触案件,提高自己毕业论文的质量,并考察相关法律职业、规划个人就业。

## 一路繁花　厚德载物

　　"实习生不仅代表自己,也反映着学校形象。"正如原法学院副院长、现教务处处长石经海曾在实习生座谈会上所言,西政学子在外实习时应注重自身形象,懂得感恩,虚心向实习指导老师学习,务必在各方面保持西政人严谨求实的精神,顺利完成集中实习任务。为此,在实习前,学校召开了多次专题会议,反复强调实习纪律、安全以及言行举止等相关问题。与此同时,重庆市第一中级人民法院实习指导老师王宇对学子们的到来表示热烈欢迎,他认为,在西政"博学笃行,厚德重法"的校训引领下,西政学子在工作中体现出了较高的个人素质和素养,为西政建立了良好的口碑,很好地体现了西政"自强不息,严谨求实"的法律人精神。

　　学校和学院为学生提供了集中实习的平台,让学生到实务单位积累经验并得到历练,让学生学会与人相处、学会与社会相处,认识到作为法律人应有的品质和情操,良苦用心显见,正如一路繁花相送。九万里风鹏正举,作为硕士研究生,他们的专业知识基础已经夯实,只待在实务中渐渐总结经验、融会贯通,迎来厚积薄发的那一刻。"希望我们的学生能通过这样的实习锻炼更上一层楼。"颜飞如是期望。

此次实习工作的开展,不正是为他们创造了更上一层楼的机会吗?现代社会一直强调"实践是检验真理的唯一标准",此次实习工作的开展不正是顺应时代潮流,用实习成绩来检验各学子的学习成果吗?虽然仍有一段曲折的道路需要他们去摸索,但十余载春秋、无数个星夜都已坚持过来,在学校的大力支持和老师的无私帮助之下,沐浴着理想星辉的他们,想必定会不忘初心,上下求索,在成为优秀法律人的道路上力学笃行。

**【情暖心田】**

# 你们，未被遗忘*

## ——记重庆市"三下乡"百佳实践团一等奖团队志愿活动

　　马克斯·皮卡德曾在《沉默的世界》中写道："在沉默存在的地方，人类被沉默看守。与其说人类凝视沉默，不如说沉默看守着人类。"对于麻风之类的传染性疾病，人们似乎有着与生俱来的恐惧，本能地选择沉默与回避来自我保护。然而，有这样一群人，他们踏入麻风村，用自己的善良与真诚，为麻风病人带来一抹暖意，让麻风病人深切感受到自己未被遗忘。他们就是行政法学院2014级暑期"三下乡"的志愿者们。近日，在2016年重庆市"三下乡"百佳实践团展评活动中，行政法学院"法明心，情系民"团队荣获一等奖。

　　7月23日，30名志愿者前往位于广东顺德的马洲麻风病康复村看望居住在那里的26位老人。他们将此次活动取名为"法明心，情系民"，"法"是想要传递法治社会的公平理念，时刻铭记自己"法律人"的身份，"情"则是在表达志愿者对弱势群体的浓浓关怀。经历了不了解时的瞭望，到相处时感人的对视，再到分别时不舍的回眸，志愿者带领大家一步步揭开了笼罩在这个特殊群体上的神秘面纱。

## 瞭望　靠近孤岛

　　麻风病在世界上流行甚广，在我国主要流行于广东、广西、四川、云南以及青海等地。由于中华人民共和国成立后的积极防治，麻风病在我国已得到有效的控

---

　　* 本文作者：林旭　陈亦奇　杨婷

制,发病率显著下降。

虽然有关麻风病的知识已大量普及,但由于人们对该疾病的恐惧与误解,事实上麻风病人仍是社会上的边缘群体。外界习惯称被隔离的"麻风村"为"麻风岛",麻风康复村中的老人的确如同身处孤岛般寂寞。尽管疾病已经治愈,但身体因病遗留的痕迹和残疾仍令许多人不愿靠近。站在"麻风岛"外瞭望,人们对其知之甚少,

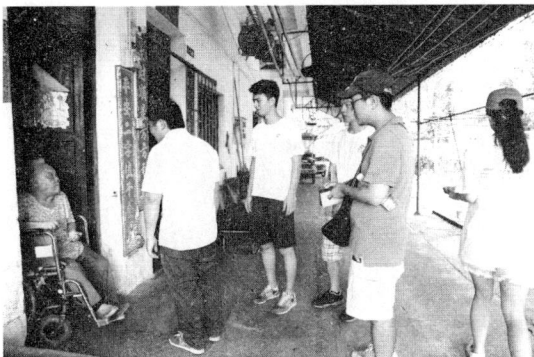

志愿者上门看望

而行政法学院"法明心,情系民"团队则在了解到麻风病康复村的情况后,选择去那里传达内心的一份温情。

"我们选择探望麻风村老人这样一个非常规的选题,是因为以往我们的'三下乡活动'之下乡普法、义务劳动、参观法院检察院等内容过于形式化,不仅与其他学校队伍的活动同质化,而且效果也不甚理想。"指导老师罗翔宇表示,正是基于这种考虑,他们另辟蹊径,确定了这个力所能及又能引起一定社会关注的选题。

在活动的准备过程中,团队成员对麻风病不甚了解,难免会担心甚至排斥。但是在广泛查询资料后,成员们逐渐意识到自己最初的认知是较为浅显甚至是存在错误的。"麻风村的老人已经康复,不具有传染性,所以我们不必有心理负担,也希望其他人不再用'有色眼镜'看待他们。"行政法学院 2014 级团委副书记姚自阳如是说。在做好心理准备之后,团队成员开始切实关心麻风康复村老人的日常生活,为他们准备了毛巾、油盐酱茶等生活用品。志愿者们虽身在重庆,但一颗颗拳拳赤诚之心早已飞跃了千山万水,与远在广东的麻风病老人们系在了一起。

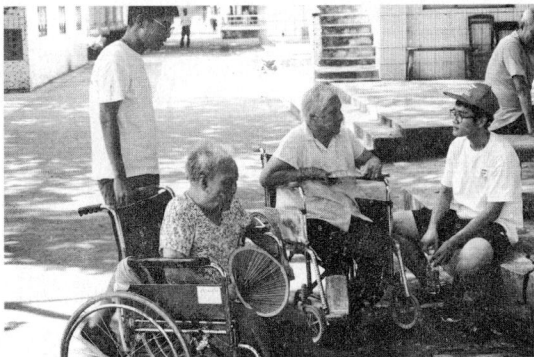

树荫下的交谈

# 对视　感动彼此

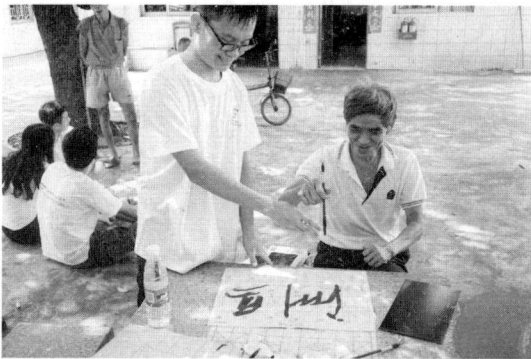

练写毛笔字

志愿者们从杳杳远山赶来，坐一夜火车，又转乘两小时大巴，在 7 月 23 日中午到达马洲麻风康复村。"刚开始看到他们身上的残疾，我觉得很心痛。"团队成员罗倩雯说起初见麻风病老人的感受时这样表示。作为法学专业的学生，他们尝试着以聊天的方式向老人讲述一些简单的法律常识。除了与老人聊天谈心排遣他们的寂寞之外，志愿者们还为他们打扫卫生，陪他们一起唱歌、下象棋、写书法等。"我们为老人们唱了校歌后，他们竟纷纷热情要求和我们合唱《军中绿花》《胸前的红领巾》等红歌。"姚自阳介绍说，志愿团队中的李楚宏擅长写毛笔字，想要和老人们分享书法的乐趣，便在几处绿荫下的石桌上摆上笔墨纸砚，村里的章爷爷和冯奶奶也对书法很有兴趣，他们俩在一旁像小孩子一样争论着谁的字更好看。"我们带给麻风村老人的看似是最平常的陪伴，但对于老人们而言，那个有远道而来的孩子们陪伴的下午却是那么的不同寻常。"

负责打扫卫生的志愿者发现老人们的住处非常简陋：床单和被褥因常年使用而变得发黄，床边挂着的旧蚊帐满是灰尘。"马洲麻风康复村的老人们虽然少人照顾，生活孤独，生活条件简陋，却能以暖暖的爱意对待他人，以积极的态度面向生活。"忆起和麻风病老人们相处的时光，姚自阳的语气很是诚恳，"他们不能像外

下象棋

界其他老年人那样和自己的家人生活在一起,所以在我们这些志愿者和他们聊天时,他们就会把我们当成自己的儿孙一般看待。他们并不会觉得之所以会有志愿者来看他们,是因为自己是弱势群体中的一员那种消极的想法。"志愿者们到时恰好是龙眼等水果成熟的季节,村子附近有成片的果园,风光甚好,村中的两个老人热情地邀请志愿者和他们一起采摘水果。

采摘水果

临走前,会做饭的志愿者用带来的饺子、蒸包等为老人做了一顿简易的饭。虽然只是几小时的短暂陪伴,却在彼此的心里留下了很深的印象。这里的老人平均年龄在 70 岁左右,最年长的 86 岁,最年轻的也有 62 岁,他们一开始来到这个村是为了治病,康复后因为习惯了这里的生活而不愿离开。这么多年来,也只有义工"海哥"一人在村中长期与他们作伴。知晓不便挽留志愿者,村中一位因麻风病而胳膊残疾但却非常开朗的老人向志愿者们询问:"中秋节的时候,你们能不能再来看看我们?"但由于地域相隔较远等原因,志愿者们也无法给出一个明确的答复,只能依依不舍地挥手作别,不少志愿者都在转身离开时蓦然湿了眼眶。

## 回眸 看爱生长

网络上关于麻风康复村的新闻报道,大多都会提起居住在那里的麻风病老人的心愿:"希望能有更多的人来做客。""我们大多来自与广东顺德相距甚远的重庆,自然无法时常前往探望,但是如果有机会,我们会再来看望村中的老人。"姚自阳说,"在村中义工'海哥'的建议下,我们给老人邮寄了志愿活动时的照片,这些麻风村的老人,没有一个人对生活抱有消极的态度。他们对生命有所敬畏,对生活有所期待。但他们的确很孤独,需要社会更多的关心与爱护。"

活动结束时,志愿者们不仅转变了对麻风村固有的看法,而且还从麻风病老人们那里收获良多。姚自阳还谈道:"活动中能够给那里的爷爷奶奶一点帮助,这使我们很快乐,而且一种不能辜负他们信任的责任感油然而生。在和村里的老人们短暂相处之后,我们一行人在今后的日子里,会更加珍惜当下的时光,会有更大的勇气去积极面对未来可能发生的困难,学着用一颗宽宏的心去包容身边的一切。"

随着现代医疗技术的蓬勃发展,麻风病已经不足以让人谈之色变,社会应该给予麻风病人更多的关爱,不能让人们对麻风病片面的理解成为遗忘他们的理由。正如志愿者罗倩雯所说:"哪怕麻风病在老人的身上留下了象征着苦痛的痕迹,他们依然有着'行到水穷处,坐看云起时'的心境,我们也应当敞开心扉去接纳他们而不是一味沉默。因为大众的沉默是无声的压抑,这会使关爱在世间缓缓消弭。"

行政法学院"法明心,情系民"团队的善举得到了各界的广泛认可。《广州日报》还对此次活动进行了相关报道,且该报道引发了凤凰网、一点资讯、今日头条等多家知名媒体的转载。

大合影

(本文原载于《西南政法大学报》2016 年 11 月 18 日总第 846 期)

# 以手予爱　以指传情*

## ——记西南政法大学"语嫣"手语队

在第六届"感动校园——西政学子年度人物"颁奖典礼上,有这样一个获奖团队,他们一直做着无声的工作,一直关注着一个特殊的群体。"我是'语嫣',不能说,却有甜美的笑容,能以手予爱,以指传情。"他们就是校"语嫣"手语队。

## 创立初衷:"对话谈心"

2008 年,西政一批大学生志愿者走进了沙坪坝区聋哑学校,在那里,他们第一次接触到了一群特殊的孩子——听障儿童。一双双稚嫩的眼睛里透着胆怯与渴望,刺痛了大学生的内心。回到学校,一个想法在大家的心里萌生,他们想更多地了解这个无声的世界,想为孩子们做些力所能及的事,让他们的世界有阳光和欢笑。

对于志愿者来说,学习手语是他们要突破的第一道难关,一切都得从头开始。没有教材,他们就从网上下载资料;没有练习场地,他们就带着一个小音箱去布满灰尘的地下车库;没有足够的集训时间,就在夜深人静时戴着耳机一遍遍自己练习。为了动作标准,他们两两分组,面对面练习,互挑错误。练习枯燥,而且艰难。"不要忘了那些孩子"——这句话成为大家疲惫时的精神支撑。

"他们不能说话,但是他们的动手能力很强。"手语队的老队员刘浏说,小时候会和邻居家有听力障碍的小朋友一起玩。那个男生很机灵,最喜欢做船的模型。"其实小孩子之间没什么障碍,什么都能玩得起来。他要带我看什么东西,就会直

＊ 本文作者:洪森　姜梦迪

接拉我去看，或者比动作就行了。"从那时候起，她就开始尝试与听障儿童交流，这也是她后来毅然加入手语队的原因。

"手语学久了我发现，仅仅一个人会，不如让更多人会，才能帮助更多聋人朋友。""语嫣"手语队队长吴琦一句话道出了成立手语队的初衷，由于懂手语的人太少，聋人没法找到好工作。她希望，能有越来越多的人把手语当成外语来学习，以改善聋人的生活环境。2009年11月，"语嫣"手语队正式成立。语嫣，取"语笑嫣然"之意，只希望他们看到我们最真、最灿烂的笑容，希望他们会接纳我们，和我们"对话谈心"。吴琦介绍，手语队在四年时间里，已经拥有完整的组织机构，并且定期举办手语培训课程。

# 欢笑艰辛　一路前行

在大家眼中，手语队的队员总是用他们最灿烂的微笑在向大家教授手语动作。然而，手语队的成长之路并非那么一帆风顺。

"其实这些小朋友不是很容易接触。年纪小一点的还比较好，年纪稍大一点的自尊心很强，不太愿意和我们接触。"回忆起第一次接触听障儿童的时候，刘浏记忆犹新。"我们刚开始接触也有些尴尬。但是我发现他们内心是很想和外界交流沟通的。他们对网络很感兴趣，有的大胆一点的，就拿着我们的手机上网上QQ玩。"正是这样的一个小动作拉近了手语队员与这些孩子的距离。从那以后，手语队的队员把以前在重庆师范大学录的手语视频给孩子们看，连那些不太愿意和他们接触的人也显得比较兴奋。"他们可能觉得这个世界上不是只有他们才是这样的，有一种共鸣的感觉。"刘浏说道。

手语也有方言，如果不加以统一，就会造成他们交往和信息采集上的障碍，有时甚至大摆乌龙。由于手语队队员比的手语是"中国手语"，而那些听障儿童习惯了"重庆手语"，很多时候要反应一会才看得懂。所以，有些大一点的孩子因为不耐烦就不太愿意与人交流。遇到这样的局面，队员们就会用手写，或者给他们看一些他们感兴趣的东西。"毕竟是孩子，兴趣很容易就提起来了。有一次，和孩子们玩的时候，我帮一个孩子梳了头，另一个就羡慕，就要让我也帮她梳一个。"刘浏笑着说。

"其实走在路上，对于残疾人，总是会不自觉的多看两眼，这样多加的关注可能不仅止于惊讶，还有些许同情，虽然我们也知道他们可能并不需要我们这样惊讶或者同情的眼神,但是那些关注仿佛是自己不能控制的。"手语队队员顾胤这样说,"其实我们最开始靠近他们,也或多或少存在这样的同情。但是当我们靠近他们和他们接触交流之后,我们就会忘了他们和我们之间那一点点不一样,我们就开始理解他们,知道他们真正需要的也是理解,而并非同情。"

## 走出校园　大爱无声

2010 年"语嫣"手语队开始从事手语表演,在校内外的各大晚会及志愿者活动中逐渐崭露头角。第一次登台演出时,队员们忐忑了一个晚上。因为他们不知道,手语表演这种表演形式是否能被大家接受;他们也不知道,演出是不是真的能唤起更多的人对听障人群的关注。"手语培训很枯燥乏味,同一个动作要重复很多遍,而不同的表情又能使同一个动作有不同的含义。"吴琦表示,最开始入队只是对手语很感兴趣而已,后来枯燥的训练也很磨人,但是自从第一次和听障小朋友接触后,就觉得自己所做的一切都有了不一样的意义。于是,她选择了坚守在这个团队,一直待到现在。

"并不是所有的人都可以坚持下来的。"吴琦说,"手语队的人员流动还是挺大的,很多人刚开始觉得新鲜加入了手语队,但是受不了枯燥的训练最终选择了离开。"此外,手语队在招募过程中遇到的最大困难就是男生少,很多人觉得这种指尖上的艺术更适合女生,一些男生因为放不开而不愿意加入。在后来的招募活动中,每每遇到这样的情况,手语队的女生们就会"主动出击",通过介绍听障儿童的生活状况,分享自己参与活动的感受,邀请更多的同学加入。在不断壮大规模的同时,手语队也一直通过参与更多的活动来呼吁更多的人关注听障儿童。

2011 年,"语嫣"手语队受重庆市红十字会邀请参加重庆市纪念"五·八"世界红十字日 101 周年纪念活动。在观音桥的大舞台上,他们以手语舞蹈《和你一样》向广大市民传递着希望,期待有更多的人可以关注听障人群。听障人群其实和普通人一样,平凡而真诚。然而常常会有异样的眼光,让他们无所适从。"语嫣"手语队就是这样一支积极关心他们,并努力为他们谋求更多关注的队伍。

手语队创办以来,连续四年开办"以手予爱,以指传情"系列活动。四年来,"语嫣"手语队已经发展成为一个初具规模的爱心团队。播种爱心的道路上,他们也获得了校内外的认可，"优秀部门""先进组织""最具亲和力组织"、创作编排的手语舞蹈《和你一样》也荣获"让爱相髓"造血干细胞志愿者招募启动晚会"最佳节目"。

"语嫣"手语队将继续用手传递的美妙"声音"，用行动一步步实现着最初的梦想——用真诚和爱连接两个世界，让世界不再有孤单。

（本文原载于《西南政法大学报》2013 年 5 月 31 日总第 788 期）

# 以心筑梦　指引方向<sup>*</sup>

## ——记"启明星"心理团辅志愿者团队

不知你是否还记得军训时，<u>丛丛迷彩</u>中围着的那抹绿色？三年来，在学生处大学生心理健康教育咨询中心办公室的指导与培训下，他们秉承"爱心、奉献、团结、拼搏"的精神，积极开拓、不断壮大，现已成为服务全校、覆盖社会的心理辅导品牌。他们以己为风，驱走心头阴霾；以爱为笔，刻画幸福表情！他们，就是"启明星"心理团辅志愿者，用热情感染大众，用行动诠释志愿者精神。2016 年 5 月，"启明星"心理团辅志愿者团队获评第九届"感动校园——西政学子年度人物"。

## 团队辅导　形式创新

团体心理辅导是在团体的情境下进行的一种心理辅导形式，它是通过团体内人际交互作用，促使个体在交往中观察、学习、体验，认识自我，探索自我，调整和改善与他人的关系，学习新的态度与行为方式，以促进个体良好地适应环境与发展自我的助人过程。真诚而又温暖的团体气氛有助于人与人之间建立良好关系，在互相关心和帮助中克服恐惧、焦虑心理，建立安全感，在这样的团体中可以使人更多地开放自己，增进相互了解，在交流中取长补短。

马克思主义学院的课程设置很多都涉及心理学与教育学的相关知识，团队前两年的成员是由马克思主义学院思想政治教育专业和哲学专业学生及各学院辅导员推荐的心理班长组成。2015 年的团队成员也不例外，不过心晴社的社员加入更壮大了这个团队。"团队最开始是由校心理咨询中心和马克思主义学院团委共

---

* 本文作者：喻竹　陈萱

同牵头组织起来的。因为我们发现，不论是大学生还是社会群众都或多或少有心理压力和困惑，在这种情况下，传统的一对一心理咨询形式已经无法解决现在普遍化的心理困惑问题了。因此我们组建了这样一支团队，希望能以心理团辅的形式给予更多的人帮助。"团队负责人刘冀说道。

一个运转良好的团体，对每个成员都具有吸引力和凝聚力。这种力量来自成员们对团体内部建立起来的一定规范的遵从和对团队价值的认同，它使个体的动机需求与团体目标紧密相连，使得团体行为深深地影响个体的行为。团队成员蔺晓倩就表示："在我们这个全心全意为他人服务的团队中，我收获的不仅是付出而来的成就感与满足感，更是突破狭隘自我的界限，成长为一个'大我'的过程。"团体心理辅导比个别心理辅导有更大的影响力和更好的辅导效益。

"启明星"心理团辅志愿者团队自2013年成立以来，积极投身于志愿服务活动，致力于开展各种团体心理活动。从大一新生到研究生，从学生会到社团，从校内到社区，都有那一抹奔波的绿色，都有他们带来的欢笑与温暖。

## 三年相伴　百场团辅

新生心理团辅是"启明星"志愿者团队的重点项目之一，三年来，志愿者团队以"新青年，新旅程"为主题，对2013级到2015级一万余名大一新生开展了四百余场新生心理团辅活动，服务时长近千小时。

"当时听说有心理辅导团队要来，心里非常开心，那样我们就可以不用军训稍微休息一下了。"经济学院2015级王忠琪说，"两位师姐都非常热情，活跃了整个连的氛围。我们一起玩游戏，讲故事，谈心声。放眼望去，那平时端庄肃穆的操场，一下成了欢乐的海洋。"

团队成员胡晔欣介绍说，针对新生的团队辅导游戏多种多样，比如"多元排队""找找好朋友""我们队最棒""心有千千结""爱的同心圆"，每个同学都积极参与其中，每个团队都带来了精彩而又独特的展示。"当时有个大一新生患有自闭症，问他什么都不说。于是我和队友两个人一个负责带队一个负责专门陪着他玩或者聊天，最后在节目成果展示中，他虽然只是跟在团队后面张了张嘴，但结束时他对我说，'师姐谢谢你，很久没这么开心了'。一个差不多小哑巴的人，突然说了一句谢谢，让我非常感动。"

"团辅那天刚好下了雨，大雨中的师弟师妹正在进行'爱的同心圆'游戏，但是没有人愿意放弃，大家都在大雨中一直坚持着。后来雨越下越大，我和搭档劝了好久，他们才肯数一二三集体撤下来避雨。"团队成员袁晓霞回忆说，"其实他们不是想赢，只是自己的队友全部都在坚持，所以每一个人都不想撤，这就是团队的力量吧，和我们去年一样，做这个游戏的时候我们坚持了四十几分钟，最后每个人的腿都麻木了，却还在坚持。"

"在活动的最后，大家纷纷写下自己对未来大学生活的期待，或者是自己的梦想，贴在许愿树上，希望有梦的孩子们，在之后的四年，得偿所愿。"袁晓霞真诚地说。

## 走向社会　服务各方

除了在大学对新生进行心理辅导，"启明星"团队还走向了大学校园外。2014年5月19日，志愿者团队走进两江中学，对备战中考的初三(1)班学子开展心理团辅活动，让他们了解压力的来源，明确压力的双面性，协助他们探索缓解压力的有效方式，并设计情境，以日常生活的实例总结减压技巧，将压力缓解方法应用到日常生活与学习中，帮助他们习得新的行为模式，在活动中释放压力，愉悦心境，轻松面对中考，放飞梦想。"在志愿者的带领下，同学们有序地到达活动场地，进行了'数字抱团''头脑风暴'以及'心愿卡片'等游戏。刚开始同学们还很羞涩，但随着活动热度的增加，同学们很快就进入状态，积极地参与进来。我们一起度过了一段愉快的时光。"团队成员刘曼丽回忆道。

团队成员郭颖春也参加了2014年那场放飞梦想、征服中考的心理团辅活动，她介绍说："从以往的经历来看，总会有许多考生在临考前因心理压力过大、心理状态不稳定、考前学习状态不佳而导致考试失利，所以我们希望通过一些活动来减轻他们的心理压力，愉悦心境，轻松面对考试。"

此外，2014年7月，"启明星"志愿者团队小分队"一米阳光"三下乡团队在重庆市涪陵区马武镇展开"阳光之旅"筑爱农村儿童团体心理辅导体验营活动；2015年7月，志愿者团队走进重庆市两江新区公共租赁房投资管理有限公司所下属的鱼嘴福居公租房，对鱼嘴公租房社区开展了"向日葵"三下乡心理团辅活动。志愿者团队还和校心理咨询中心合作建立了首个社区"心理宣泄室"，为社区群众心理健康活动的开展提供了长期而稳定的平台。"'心理宣泄室'受到了《人民日报》、《中国青年报》《重庆日报》等近二十家媒体的报道或转载，活动影响广泛，好评如潮。"胡晔欣说,"不忘初心,方得始终。永远不要带着求名求利的心态去做志愿者。我们的目标只有一个:尽己所能,求其善缘。"

三年来,志愿者们认真学习心理团辅专业知识,不断实践,服务面不断扩大,他们一步一步脚踏实地,从心出发,将爱心的种子播撒各处。未来很长,团队寻梦的脚步也将永不停歇。

**志愿者与新生心形合影**

（本文原载于《西南政法大学报》2016 年 5 月 31 日总第 839 期）

# 深入基层服务　描绘多彩青春*

## ——记"服务基层"党员志愿者团队

11 月 15 日,校党委、大渡口区委"大学生党员志愿者民生服务队"授旗出征。在此之前,"服务基层"党员志愿者团队的足迹已遍布 8 个区县、30 多个单位。聋哑儿童学校里有他们带给孩子们的快乐与温馨,基层社区的大街小巷有他们辛勤劳动的身影。他们的团队很平凡,而正是这样一群平凡的西政学子,用他们对深入基层服务群众志愿工作的热爱与坚持,给社会送上了实在的温暖与爱心,为学校带来了极好的社会评价和声誉,也给他们绚烂的青春和党员高尚的情怀予以最朴实真切的诠释。

## 馥郁之蓝　服务团队显独特

2011 年,建党九十周年之际,在校党委组织部和政治与公共事务学院(现为政治与公共管理学院)党总支的共同倡导下,西南政法大学"服务基层"党员志愿者团队诞生。团队中的成员选拔于该院"创先争优"活动中表现突出并拥有服务热情的优秀党员和入党

* 本文作者:王铜　孙鹤瑶

积极分子。

　　他们放眼校内外，开展了包括"大学生成长论坛""快乐成长伙伴计划""大渡口创模活动""基层党建"等六个品牌项目的志愿服务。其中，"快乐成长伙伴计划"主要面向各个区县的聋哑儿童和留守儿童，"基层党建"项目则主要是对队员的培养。队员李英介绍说："我们会去采访一些基层干部，在采访过程中了解他们的人生历程，党员生涯，做成专门的访谈录。比起理论知识，这些身边的榜样更能让队员们有所触动，有效地提高他们的党性修养。"

　　"服务基层"党员志愿者团队真正把志愿活动深入到每一个细节，真正做到贴近群众、贴近社会，为更多的人送去了温暖的关怀。走进老年公寓，与老人们交流互动，排遣他们的孤单寂寞；走进学校后勤，帮助清洁工阿姨打扫宿舍；走进退伍军人，送上手工制作的礼物……无论遇到什么情况，他们一如既往坚持举办每周的志愿活动，用最灿烂的笑脸全身心投入，似一朵朵花蕾，怒放成满眼绚烂的风景。

　　本着"走遍重庆基层，播撒红色爱心种子"的宗旨，经历了两年多的探索与实践，党员志愿者服务团队形成了独特的文化：服务文化、学习文化、管理文化。其中，服务文化包括服务平台基地化和服务效果口碑化。因为志愿工作的好评度极高，许多社区和学校团委都与他们签订了长期的合作协议，使得部分志愿活动常态化。同时，团队非常注重服务效果。团队指导老师在培训过程中一直强调"金杯银杯不如老百姓的口碑"。不论自我定位如何，工作设想怎样，得到服务对象的肯定才是最重要的。为了更好地落实这一宗旨，在每次活动结束之后，志愿者们都会写专门的工作总结以及口碑管理简报。到目前为止，口碑管理简报已经装满了几个大文件盒。"我们每次会将活动总结和口碑简报放至微博平台和大学生论坛，以供大家参考学习。"正是如此细致化的志愿服务，系统化的管理模式，具体化的反思总结，使得党员志愿者服务团队形成了独特而恒久的魅力，犹如海之蔚蓝，馥郁深邃。

# 热忱之红　点滴记忆话温情

谈及"大渡口社区创模活动",李英感慨道:"这个活动的全名是'创建国家环境保护模范城市',从 2012 年 3 月份开始进行。当时每个周末我们都会去大渡口进行创模的宣传工作。到了 2012 年的 7 月份,由于取得很好的效果,大渡口区委直接和我校党委签订了一份长期合作协议。去大渡口宣传来回要 3 个多小时,很累很辛苦,但是做下来之后觉得非常有成就感。""后来在验收的时候,我看到大渡口社区一些居民转发的微博,说大渡口社区在重庆市卫生检查中排名第一,当时觉得特别开心。"队员李旭东说,不仅如此,虽然评优活动已结束,在今年某次到大渡口举办活动时,经过社区的小吃街,他们惊喜地发现地上除了落叶,竟然一点垃圾也没有。"这说明我们的长期服务真的使社区卫生有了极大改善,几个月的努力没有白费,我们都倍感欣慰。"

作为志愿者,他们最开心的不是志愿者时长的累积,不是优秀志愿者的证书,也不是身边同学的尊敬,而是服务对象的幸福笑脸。赠人玫瑰,手留余香。当得到人们的认可时,心灵的触动总会使志愿者们热泪盈眶,那份深切的感动无法言表。今年 5 月份,党员志愿者团队又来到了沙坪坝向家湾聋哑儿童学校,和孩子们进行互动。李旭东回忆道:"当时在路上我一直在苦恼怎样和他们交流。因为在我的印象里,聋哑儿童应该都是很内向的,甚至有点自闭。但当我们去过之后才发现自己完全是多虑了。那些孩子们特别阳光开朗,如果手语沟通上有困难,他们就会拿来纸和笔写下想说的话,更让我惊讶的是哪怕没有语音上的交流,我们同样可以开心地玩游戏。"志愿活动让队员们的心灵历经荡涤后重生,重新用温和的眼光看待世界,以他人的经历激励自己,尽微薄之力帮助他人。

难能可贵的是,队员们不仅仅在进行志愿活动的过程中收获了成长,更收获了队员之间亲人一般的情谊。"在我准备国考的几天里,每天都有好多队友给我发短信,基本上每条短信后面都附有一首精美的小诗,有时感觉非常疲惫,但掏出手机一看短信,马上就非常有精神。到现在,很多短信我都留着不舍得删。这个团队,给了我家一样的感觉,让我觉得非常温暖。"队员徐洁充满温情地说。这个团队像热忱的红色,释放着自身的温度,带来热情,送出温暖,记录感动。

## 葱翠之绿　成长之路沁阴凉

青春给人激情,也让人迷惘。我们的青春将于何处安放,我们又该在何处成长?党员志愿者团队用他们的行动给出了一个不寻常的答案:"把青春安放在服务基层的志愿活动上,让我们在社会的第一线上成长。"基层是最能磨炼人的地方,也是使人成长最快的地方。三年来,党员志愿者团队深入群众,投身基层,聆听着群众的声音,见证着最真实的社会,从事着最平凡的工作,却收获了最实在的成长。

善行无疆,在志愿工作中党员志愿者团队也不断发展壮大。越来越多的党员和入党积极分子加入这个团队,越来越多的基层群众理解这个团队,越来越多的社会声音支持这个团队。在志愿工作中,队员们共同面对和克服困难,共同担当着社会的责任。

在一次次实践活动中,队员们的综合素质得到了全面的提升。车行百里仍井然有序,凸显出他们过硬的组织策划能力和纪律意识;对话聋哑孩子,打开留守儿童心扉,看得到他们出众的沟通交流能力;化解误会从而被人理解,表现出他们卓越的心理素质和积极的心态；服务学生、探望老教师，体现着他们的责任与担当。服务不曾停息，他们的脚步走过大半个重庆，留下了西政人兼济天下的情怀，彰显了新时期党员投身一线的决心，收获了人民群众的口碑。这条志愿者的服务之路便是队员们的成长之路，而风雨无畏的坚持，使这条路上绿意成荫。

校团委副书记黄玺说："党员志愿者团队关注群众身边的事，力所能及地解决问题，为大学生与社会之间、为年轻党员与人民群众之间搭建了交流的平台，这就是它最特别的地方。"

三原色的魅力在于，将不同的颜色调和，就会创造出百种色彩，装点我们的生活。志愿者团队正因拥有这三原色的感受和记忆，创造出了如此多明媚亮丽的光芒，点亮这片属于志愿者们的爱心天空。"也许有一天，我会离开志愿者团队，但是我会一直保留和坚守志愿者的精神，无论到哪，我都是一名志愿者！""服务基层"党员志愿者团队以他们的双手为这世界涂抹更加绚烂的色彩，赠予困难中的人们最美丽的玫瑰，他们自身也因这色彩斑斓的世界而精彩，因手中的余香而芬芳！

（本文原载于《西南政法大学报》2013 年 11 月 30 日总第 796 期）

# 针织"阳光" 情暖寒冬 *

## ——政管学院青年志愿者协会"针"情实意活动侧记

生活中有这样一些身影,他们凝望过灯火阑珊的街角,途经过晨光熹微的楼道,不管是酷暑夏日、艳阳高照,还是冰天雪地、寒风刺骨,他们都是城市最早工作的人,手中拿着扫帚和簸箕,躬身千百次,重复着同样单调却又意义非凡的动作,他们就是与我们生活密不可分的环卫工人。他们付出自己的辛勤和汗水清扫着落叶和垃圾,留给街道一个干净的衣着,给城市一个整洁的容貌,给市民一个舒适的环境。人们没有机会亲自向他们表达感激之情,但是却有机会用实际行动去践行自己的"针"情实意。

## 心系社会　融入公益新源

政治与公共管理学院青年志愿者协会为了给环卫工人奉献一份爱心,传递一份温暖,开展了第二届"针"情实意活动。现今社会,在学习工作的重压之下,人们将时间奉为圭臬。与时间赛跑的人们戴手织围巾的机会越来越少,也无暇亲手织围巾,更不用提给陌生人织围巾,而这次"针"情

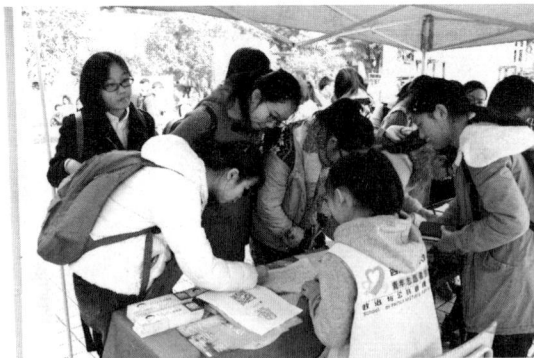

**摆点招募**

* 本文作者:晏贞敏　韩雪征　张超

实意活动却摆脱了这种现象的禁锢,志愿者可以通过自己的双手一针一线地织出爱心围巾,再将围巾送给渝北区回兴市政环境卫生管理所的环卫工人,用这小小的围巾温暖他们整个冬天。

通过亲手织围巾这一看得见、摸得着的公益活动,志愿者们在放慢生活节奏静下心来去手织围巾的同时,把爱心转化成了行动,更能切身体会其中的酸甜苦辣。经过政管院青协干事的大力宣传,吸引了学校一大批志愿者的积极参与,一向女生比较热衷于织围巾,但培训的过程中也不乏男生的身影,中国刑事警察学

**发放毛线**

院2015级交换生王玺便是男志愿者之一,虽然他没有领到主办方提供的毛线,但他还是自购毛线来参加培训活动。"小时候家里人经常为我亲手织毛衣和围巾,手织围巾的温暖一直陪伴着我成长,蕴含着编织人真情实意的围巾也成为我心中温暖的象征。"王玺表示,参加"针"情实意活动,就是为了亲身体会那上下编织时一针一线所蕴含的感动与温情。然而,第一次织围巾可谓"荆棘丛生",好不容易学会了怎样开头,却经常因为正反针的混淆而从头开始。

想让更多人去关注环卫工人,想为他们赢得应有的尊重和关怀,是王玺积极参与活动的另一个原因。"环卫工人的工作条件十分艰苦,他们通常凌晨4点便要起床,在寒冷的冬日工作间隙,多数时候只能顶着严寒伫立在原地休息,我们这些大学生能做的便是用那一条小小的围巾,让他们感受到爱与温暖。"王玺时常关注社会中的微小细节,乐于助人,而他也是众多西政学子的代表——作为一名大学生,深入社会基层,关注社会动向,为公益事业献力。

## 真情实意　用爱温暖你我

"有志者,事竟成。"想要把一件事情做成功,必定要有所付出。织围巾或许看似微不足道、轻而易举,但却极其锻炼参与者的耐心和意志力,如果没有恒心与毅力,很难善始善终,甚至有始无终。来自经济学院的志愿者李思慧坦言:"织围巾

是一个比较考验耐力的活动,我中途多次想要放弃,但转念一想,作为一名志愿者,自己肩上承担着一份责任,况且已经承诺的事情,不能轻言放弃。再加上自己真心实意想要为环卫工人献一份爱心,于是咬牙坚持了下来。"

参与活动的很多志愿者都是第一次织围巾,经验严重不足,因此大家很难独立操作,更谈不上编织出不同的款式。针对这样的情况,主办方不但免费提供毛线,还举办相应的培训,最终成功吸引了 700 多人加入到志愿活动之中。"我们在'真情实意'QQ 群里分享自己的心得,互相学习编织小技巧,营造了一个融洽又温

感动常在

馨的交流氛围,同时还结交了志同道合的朋友。这种公益性的活动可以使人敞开心扉,可以唤醒我们最纯真的感情。"活动策划者之一向丹如是说。

"赠人玫瑰,手留余香。"一针一线的编织,使得团团毛线变成了针针暖心的围巾;一针一线的编织,可以将志愿者们的爱心融汇。来自管理学院的志愿者熊海莉在期末复习之余,亲手编织围巾并送给环卫工人,在她的影响下,同寝室的同学也参与了活动。她说:"一想到大家在灯下一针一线认真编织的场景,以及环卫工人围上围巾的灿烂笑容,我们志愿者的内心就如同沐浴阳光般暖意满满。"

## 爱不止步　传递社会能量

12 月 24 日,冒着蒙蒙细雨,青协的干事和志愿者结伴赶往渝北区回兴市政环境卫生管理所,将围巾送给了"城市美容师"。

"小时候看到环卫工人用那双被刺骨寒风吹裂的手,坚持奋战在冬季的'街道一线'的情景让我记忆犹新。"志愿者代表陈露雪说,她知道这些环卫工人是一群拿着微薄工资、却做着伟大工作的人,便在心里萌生了让爱心传递的念头。

当一个个朝气蓬勃的志愿者带来各式各样的围巾时,环卫工人心中满是惊喜和感动。环卫工人曹明菊围上围巾后,就不舍得摘下来,她红着眼眶激动地说:"这是我人生中收到的第一条围巾,至今为止,我的儿女都还未曾想到为我手织围

巾。"环卫工人赵玉琴活动结束后主动要求与志愿者合影留念,亲切地把志愿者们称作"娃娃",她紧紧地搂住志愿者们,激动地说:"这是一份爱心,是不能用金钱衡量的、温暖人心的爱心。"

收到围巾的开心

"不可否认,总有一些人觉得环卫工人的工作低人一等,环卫工人的工作也得不到应有的认同、理解和尊重。这些志愿者的手织围巾使得环卫工人在一针一线的温暖下,感受到了社会的关怀。"渝北区回兴市政环境卫生管理所副所长孙鹏希望志愿者们要爱不止步,不要仅仅局限于环卫工人这个群体,而要关心所有工作在第一线的底层劳动者,将那份暖暖的"针"情实意传递下去。

"泰山不拒细壤,故能成其高;江海不择细流,故能成其深。"当独自做一件公益的事情时,也许并不能引起多大的反响,但如果每一个西政学子共同携手为社会出一份力,那么那股力量便如洪流之势。凡古今成大事者,无不是在细节中精益求精,织围巾这一公益活动便很好地从细微之中表现出同学们的友爱与奉献精神。他们从平凡、细微之处向社会诠释着当代大学生是有作为、有担当的公益新生力量。

(本文原载于《西南政法大学报》2016 年 12 月 31 日总第 849 期)

【竞技风采】

# 排球百战穿金甲　不斩桂冠终不还<sup>＊</sup>

4月28日，南京大学排球场内，沾满汗水的排球最后一刻在旋转着敲击到地板上，四散溅出的汗珠消融于一片欢呼中，我校男子排球队在中国大学生体育协会主办的"2016—2017中国大学生排球联赛"总决赛中斩获桂冠，获得有史以来第一次全国单项赛事的总冠军。

## 赛前：长路漫漫受苦寒

冰心说过："成功的花儿，人们只惊羡她现时的明艳，然而当初它的芽儿，浸透了奋斗的泪泉，洒遍了牺牲的血雨。"在此次获奖的光环与荣誉背后，是一条漫漫长路。行政法学院2013级学生、队员蒋欣介绍说："排球一定要基本功扎实，不仅要肯吃苦，对身体灵活性也有一定要求。基本功很难练，很多人在基本功上就选择放弃。"

比赛现场

---

＊　本文作者：杨雅涵　陈亦奇　陈雨佳

冰冻三尺非一日之寒，坚实的基本功建立在数年如一日的刻苦训练上，由无数汗水与泪水凝结而成。刑事侦查学院 2015 级学生、队员王英耀说："我们从大年初十就开始准备这场比赛，很早就从家里来学校训练。"从酷暑到严寒，队员们几乎没有节假日，赛前的训练几乎都是全天候的。

不经一番寒彻骨，怎得梅花扑鼻香？排球队的日常训练并不是单单针对某一次比赛，而是为了不断积累、不断提升，这样在面临下一场赛事时，才有更好的状态。平时训练注重的是体能、专业素质，在赛前会增加一些实战配合，让队员积累更多的实战经验。正是一次次艰苦繁重的体能训练和一场场紧张激烈的实战训练，培养了队员坚强的品格和强健的体魄。

排球一直是西政的王牌体育项目之一。在生源方面，学校下了不少的功夫。体育部主任苟明介绍道："我们尽量多招入排球运动员，对学员专业素质也提出了高要求，和各高校抢夺生源的压力极大，北京航空航天大学、人民大学、中国石油大学、北京交通大学等都是我们强有力的竞争对手。"除了学员素质较高之外，教练的来头也不小。主教练赵燕妮原来是国家女排的一员，有丰富的比赛经验，她于 2015 年进入西政执教，一流的教学水平为校队注入了更大的前进动力。

这次排球赛进行了南北赛区的划分，我校在南方赛区二十多支队伍中以第一名的资格进入总决赛。本场比赛能创此佳绩，教练功不可没。一周七天都有训练，每次两到三个小时，三个教练全部都会到场，丝毫不懈怠。为了调动队员的积极性，赵燕妮自掏腰包，采取金钱鼓励法，发球得分奖励 30 元，拦网得分和发球破攻奖励 20 元。"大家也会开开玩笑，或者做些与训练相关的小游戏，但最主要的还是靠个人意志，即一个字——磨。"蒋欣说。

## 赛中：披荆斩棘夺桂冠

赵燕妮认为，在身体素质、打球技巧、战术计划等各方面中，心态是最重要的。"技术、力量水平都基本固定了，不可能在比赛中突然增强。但心态就不一样，我们根据每一场次的变化来调整自己的心态。对手不同，心态就不同。"

蒋欣已是一个身经百战的运动员，从小学五年级开始，他就被启蒙老师挑去打排球，后进入山东省专业队，在全运会中表现优异。他直言，西政校队和之前的专业队最大的区别在于凝聚力。相比较而言，校队更难磨合，成员们来自祖国各地，有不同的文化习惯。"我希望队员们能以队伍为核心，敢于战胜自己，有勇敢强大的心。校队十二个人,来自五湖四海,但共同的身份却只有一个:西政人。"赵燕妮如是说。

比赛现场

"每个运动员都会遇到伤病,也有自己的低谷,一两个人的状态会影响到整个队伍,所有的困难都必须克服。"这是赵燕妮的原则。在八进四的比赛中,我校首发自由人由于意外受伤无法继续比赛,失去了团队的核心。面临这一突发事件,队员们不仅没有心烦气躁,反而激起了斗志,全队立即作出抉择,由第二自由人代替首发自由人。秉承"西政人"的信念,我校男排配合能力和实力发挥丝毫没受影响。

这八场比赛中,王英耀印象最深刻的还是决赛第一局的失利。第一局关乎到士气,但大家并没有因此灰心,一切照常,迅速调整状态。决赛这天,正好是刑事侦查学院2014级学生、队员李旭的生日,而冠军,是排球队给他最好的生日礼物。

排球注重身高优势,西政排球队的身高在参赛的十二个队伍中排名倒数,但这并没有影响他们勇夺桂冠。在前两次比赛中,西政男排分别取得了全国前八、全国前六的佳绩。"我们认为,胜利主要是靠平时训练刻苦,攻传配合默契,不是单靠某一个人,我们排球队是一个整体。"正是主教练赵燕妮这样的心态,影响并鼓励着队员。

## 赛后:友爱欢笑共相伴

这次夺冠,是西政的一次突破,也是西政男排队员运动生涯中辉煌的一刻。蒋欣认为,夺冠,只是对那一段时间付出、努力的肯定,今后需要再接再厉。"争冠军不容易,保持冠军更不容易,会更辛苦。"

经历了一番考验后的西政男排变得更加团结,内部更具凝聚力,队员也在走向成熟。赵燕妮已陪伴这些队员三年,从大一、大二、大三,她看着他们一步一步往上走。这种成长,不仅会使他们球技更上一层楼,也会让队员之间的默契节节高升,为今后的训练、比赛提供了充分的保障。"只有懂得换位思考的团队才能完全发挥自己的实力。"赵燕妮说。回想自己初任西政排球教练时,压力很大,一个运动员要如何转变为教练？一个女教练又如何与男队员相处？三年后的今天，她用成绩给了西政、队员、自己满意的答复。"在训练的时光里，感动点点滴滴汇聚，他们的换位思考，让我很欣慰。无论是队友之间还是教练的良苦用心，他们都能理解。"看见队员们从稚嫩到成熟，她十分欣喜。在

教练和队员交流

队员的微信朋友圈中，她评论道："愿你们永远保持一颗童心。"

　　苟明对队员们的辛苦感同身受："排球队的日常训练是充满艰辛的，从早上一直到晚上，几乎没有可休息的时间，还要完成学业，这无疑给队员们的精神和体能带来了莫大的挑战。"无止境高强度的训练，有时也会让队员感到枯燥和压抑，情绪陷入低谷，训练的激情也会大大削弱。正如赵燕妮所说："每个人都会有小情绪，没有人能永远保持开心的状态。"每当此时，教练和队员就会选择适当"慢下来、静下心"。教练会时时刻刻关注队员的心理状况，及时为队员疏导负面情绪。于队员而言，赵燕妮不仅是他们的教练，更像是一位大姐，是陪伴支撑他们走下去的知心朋友。当然，在紧张的比赛结束后，队友之间也会私下"约会"，通过看电影、聚餐、唱歌来适当放松心情，调节自我情绪。日常紧张的训练、赛后愉快的相聚，这让他们之间形成了浓浓的友谊。这种相伴相聚的师生队友情，将陪伴他们一生。

　　"上下齐心，才能共谋发展。而且不仅仅是发展排球事业，应该重视所有体育项目的开展，在学校里形成一种热爱运动的校园文化氛围，让大家都自觉锻炼身体，增强体质，从而促进学子的全面发展！"苟明如是说。路漫漫其修远兮，在历经无数次磨炼后，西政男排依旧保持高度的奋斗热情，因为他们还有更宽广的"江湖"要去闯荡，虽然沿途荆棘密布，但毫不畏惧！

夺冠合影

# 欲戴王冠 必承其重*

## ——记我校代表队获得企业竞争模拟竞赛全国一等奖

　　鲁迅曾说:"专读书也有弊病,所以必须和现实社会接触,使所读的书活起来。"①于学生而言,将理论知识与实践经验充分结合起来才能收获更多。大学阶段的各种模拟实践类大赛,便是一个很好的锻炼平台。近日,在第8届全国高等院校企业竞争模拟大赛暨第16届全国MBA培养院校企业竞争模拟大赛现场总决赛中,管理学院顾清仪、张静、穆琳静三位学生组成的"狼外婆"代表队获全国总决赛一等奖、优秀组织奖;周成、张玲丽两位老师获优秀指导教师奖。时隔数年,我校代表队再次站上了该比赛全国一等奖的领奖台,这是西政在全国性大赛平台上的又一成就。

**获奖合影**

---

　　* 本文作者:黄淑愿　刘家宇　杨雅涵
　　① 《北上做专题,实习尝京味》,载香港《文汇报》,2018年1月15日。

# 博观而约取　厚积而薄发

　　企业竞争模拟大赛分为全国赛和区域赛。全国赛于每年 3 至 5 月举办,包括初赛、复赛、半决赛和现场总决赛;区域赛在每年 9 至 12 月举办,具有相对的独立性,除各个决赛前三名的队伍可以参加全国赛半决赛外,其他队伍仍需重新报名。

　　"企业模拟竞争大赛是管理学院比较传统的专业性赛事,学校已有八九年的参赛经验了。"周成介绍道,"由于比赛名额有限,我们首先要开展校内选拔赛,再对有潜力的学生进行培训。"对刚接触这个比赛的成员来说,最需要的就是熟悉比赛的系统和模拟各种不同的企业状况。学校租用了比赛系统,建立比赛赛区,学生们可借助这个系统来练习,并在组建的 QQ 群里讨论分析,老师也会对学生的练习情况作出点评。

　　正所谓台上十分钟,台下十年功。企业模拟竞赛除了需要比赛时的临场发挥能力,更强调参赛者自身长期学习积累的知识与经验。半决赛和总决赛用时较短,在一天时间里,参赛者只需要花一个小时做一期决策,一共做七八期。然而,在比赛前期的努力,则可能长达几年之久,对参赛同学来说,参加全国企业竞争模拟大赛是一场马拉松比赛。顾清仪和张静的马拉松已经循环了三次,他们都是学校 2014 级学生,从大一开始便参加各种比赛,一点一滴地积累知识与经验。顾清仪在大一下学期时,作为新手参赛,主要是给师兄师姐打辅助,之后在接连不断的比赛以及虚心请教并得到具体讲解中继续成长。周成对顾清仪印象深刻:"我和他第一次见面是在宣讲会上,他还是大一新生,向我提出了一个很好的问题。我鼓励他如果感兴趣,就继续做下去,结果他一直做到现在,终于取得了佳绩。"

　　顾清仪表示,因为学校在 2016 年承办了西南区域赛,所以在组织参赛上有一些经验。参加决赛之前,他们团队将之前的比赛多次复盘,进行分析总结,思考决策的思路和可改进的地方,并将企业的模型做了修改,为决赛做好了充分的准备。"参加决赛时,现场电脑和网络都出了问题,幸好我们团队在前期做好了充分的准备,问题最终都得到了解决,也算是好事多磨。"机会总是留给有准备的人,有备才能无患,经过大量的、长时间的积累,"狼外婆"团队才得以在决赛中脱颖而出。

# 同舟面风雨　稳步行万里

张静介绍道,比赛开始,组委会会给出20家公司前八期经营的历史以及经营状况,每组选手拥有的初始信息都是一样的。比赛从第九期开始进行,再经营七八期,参赛者需要安排生产、运输、定价、销售等具体操作,其中涉及到公司发债、银行贷款、研发产品提高产品质量、打广告促销等一系列问题,充分模拟了现实公司的经营情景。每一次比赛的场景都不一样,既包括对内的公司历史、数据、特点,也包括对外的竞争对手,这是一个博弈、信息不对称、动态的过程,比赛要求参赛者拥有敏锐的观察力,能通过数据分析,迅速制定出下一期的决策,在这个过程中,团队的协作十分重要。顾清仪和张静两人是在大二寒假向师兄取经时认识的,两人一起听课和练习,可谓默契十足。2015级学生穆琳静则是因为在某次校内赛中表现出色而被相中的。"狼外婆"队伍的三名成员来自不同专业,他们利用各自的特点进行分工:顾清仪主要负责战略和对手分析,张静负责生产运作等操作模块,穆琳静则负责辅助,参与定价板块。"狼外婆"队在比赛期间也产生过分歧,有过争论,但总体上大家都是齐心协力,以平常心对待,很享受比赛的过程。

比赛情况瞬息万变,参赛选手面临的变量非常多。"比赛前期我们的决策存在很大问题。"顾清仪表示,实际模拟情况和他们的预期差距很大,尤其是对定价和市场爆发的把握不足,让公司状况一直处于中等位置,令人担忧。中期时有一期虽然在销售上占一定优势,但是错误预估了对手,定价时偏高,导致压滞了一批库存,影响了销售。所幸后期市场崩溃,大家都出现了相当大的滞销现象,最后两期,利润更是直线下滑,"狼外婆"队及时调整了价格水平,使排名稳步提升。

"现在全国参加这个比赛的高校越来越多,强队也越来越多,今年拿到一等奖确实很不容易。"周成说。事实上,半决赛和总决赛都有较高难度,半决赛20支队伍只有2支晋级,压力相当大。但"狼外婆"团队齐心协力,从容应对各种突发状况,没有像其他队伍一样因紧张而犯一些低级错误。

# 匠心需砥砺　传承中发展

从企模赛的新手到作为"狼外婆"队的主心骨获得全国一等奖,顾清仪的进步与师兄师姐的帮助密不可分。大一时，顾清仪只是作为辅助参赛，经过实战之后，再来学习相关知识也就有了更新更深刻的感悟，逐渐对企模赛有了更为全面的认识。刚步入大二，他又参加了西南区域赛，然而成绩并不理想，于是他又在寒假时找到了曾带领自己的师兄学习。他和搭档张静不断听课练习并及时总结，也与周成等老师交流分析，以此来提高自己的实力。

带领自己打比赛的师兄师姐面临毕业，顾清仪和张静就从他们手中接过了企模赛的接力棒，在不断增强自身实力的同时，也积极帮助师弟师妹进步。他们去年寒假手把手地对师弟师妹进行了培训，教给他们比赛的经验技巧。"今年全国赛进入到决赛，很多人原本也希望能够和我们一起参加，但比赛有人数规定，只能带一个过去，结合安排，就带了穆琳静师妹过去，一起感受了正式竞赛，也和西南地区其他学校进行了交流。"顾清仪说。

周成表示："学校参与这种比赛的本质就是要培养学生的综合能力，我们学院多年来也一直鼎力支持这类比赛，把以赛助学作为学院重要的办学指导思想。"无论是顾清仪、张静等经验丰富的参赛选手还是企模赛的负责老师，他们都希望培养出优秀的下一届队员，把管理学院的竞赛培养这根接力棒稳稳地传承下去。

师生们的心血没有白费，除了"狼外婆"队通过参加西南区区域赛直接进入半决赛以外，还有其他队伍也打进了半决赛。管理学院企模大赛的学生力量在不断发展、壮大，在这么多年的参赛过程中，学院也形成了一套较为成熟的组织参赛模型。周成希望，后来者能够学好理论基础，不断探索、思考、总结，以此来打破现在的瓶颈阶段，更上一层楼，在传承中有所发展。

欲达高峰，必忍其痛；欲心若怡，必展其宏；欲想成功，必有其梦；欲戴王冠，必承其重。正所谓，能力越大，责任越大，"狼外婆"队摘得了全国一等奖的王冠，也接过了传承的重大使命。他们代表的不仅是自己，也是管理学院，更是整个西政。他们有着坚实的基础、团结的精神、无惧的匠心以及传承的力量，因此，在实践竞赛这条道路上，西政一定能走得更稳更远。

# 网球女团:风雨锻造的铿锵玫瑰*

近日,全国大学生网球联赛西南赛区的比赛落下帷幕,我校网球女团以甲组亚军的成绩成功晋级将于8月份举办的全国总决赛,这是我校网球队第三次闯进全国总决赛。

## 筚路蓝缕　玉汝于成

"艰难困苦,玉汝于成。"在西政,网球队并不是一支高水平运动队,相反,队员只是一群热爱网球的普通学生。"筚路蓝缕,以启山林",在西政网球队不断创造奇迹的背后,是一段曲折而辛酸的历程。

2006年网球队成立之初,教练和运动员便面临着重重困难。首先是场地问题,那时新校区还没有网球场,每次训练时,教练和运动员都得乘车前往老校区。由于条件限制,即使大型比赛来临,队员们也不能每天都去训练。后来新校区的场地修好了,但也只有两个,球队依然面临着场地少的困扰。学校的场地是室外的,遇到下雨天,训练就会受到影响。比赛之前若遇上下雨天,就只能自费到校外的室内场地去训练。其次是生源问题,网球队队员只是学校热爱网球的普通学生。学校于2000年前后开设了网

---

* 本文作者:杨莹　沙俊扬　陈灿

球课,此后对网球运动进行了推广,在推广过程中,选拔身体素质较好、有网球基础或有天赋、酷爱网球运动的学生组成校代表队进行系统训练。进入校队的队员们水平参差不齐,有的基础比较好,有的却是零基础。由于我国接触网球运动比较晚,网球运动在中国的推广程度还不是很高,因此学生中会打网球的不多。"我校学生中会打网球的非常少,西政两万多学生有点网球基础的也才二三十个人,还要从中挑选队员进入校网球队,可想而知全队的整体水平与外校的差距有多大。"刘延军教练介绍说,"在建队之初,我们参加重庆市的比赛经常连报名的人数都不够。报名要求男团女团共十人,我们经常女子只有三四个;男子报名人数一开始也达不到要求,后来勉强达到了,但是上去比赛,与其他学校一交手,就可以发现明显的差距。"由于网球队的队员不是专业的运动员,因此对教练来说也是很大的考验。对于零基础的学生,教练必须从头开始教;而有基础的队员,学习网球的时间长短不一,教练则会根据每个人不同的情况采取不同的训练方式和手段。

"因为绝大部分学生缺乏对网球的专业训练,且起步较晚,所以需要格外努力。"领队周小敏说,本次代表学校征战全国大学生网球联赛的欧阳祎就是零基础运动员,她虽然从小热爱网球运动,却由于种种原因没有条件接触网球,直到进入大学,加入网球社后才从零开始。由于起步晚、底子薄,她需要付出比其他队员更多的努力,在训练之外自己给自己加训,并反复观看比赛视频。"欧阳祎进入校队后一直非常努力,在我们没有训练的时候,她自己有时间都会去训练,除了上课、吃饭、睡觉,其他时间她可能都是在球场上,真的非常刻苦。"女团主心骨赖飞扬如是说。

尽管训练条件艰苦,但是通过教练和队员的不懈努力,我校网球队仍然强势崛起。转机出现在 2010 年,那时网球队已经参加了几年的比赛,积累了不少经验,对其他队伍的水平有所了解,对训练模式也做了调整,加上周泓懿等几位种子选手涌现,网球队的成绩开始上升,几乎是每两年上一个台阶。"2010 年和 2011年取得了重庆市网球联赛团体季军;2012 年和 2013 年取得了亚军;2014 年和2015 年连续两年蝉联冠军。在 2014 年取得重庆市团体冠军后我校网球队有了去参加全国大学生网球联赛的机会。"刘延军教练介绍说。

## 自强不息　力主沉浮

近年来,随着网球女团在比赛中成绩节节攀升,学校对网球队的重视力度逐步加大、经费投入持续增加。队员在被采访中表示,近年来学校提供给球队训练场地的时间越来越多,条件也越来越好了,网球教练的队伍也扩大了。学校投入一多,球队的成绩也越来越好。

　　"天行健,君子以自强不息。"网球队硬件设施的改善,解决了队员们的后顾之忧。而网球队员对荣耀的捍卫、胜利的坚守则是她们能勇攀高峰的核心力量。网球队从建队之初就一直坚持一个传统,每个时期都有一个核心队员承担着领导网球队前行的历史使命,她们拥有着杰出的球技和丰富的比赛经验;她们是球队的

赖飞扬

灵魂,是凝聚球队的精神纽带;她们是球队的精神领袖,带领着球队不断超越自我,登上新的高峰。网球队的大旗在一代代核心队员的手里交接,曾经的校网球队队长朱瑞瀚,代表学校征战七年的周泓懿,还有最近击败了全国女单冠军的赖飞扬都是网球队旗手。提到网球队特有的传统,赖飞扬自豪地说:"周泓懿师姐本科和研究生都是在西政读的,几年来她一直带着我们,她离开学校时就对我说你要像我一样,把这个担子挑起来,把大家带起来、团结起来。她把这个重任交给我之后,我也在朝她的方向努力。"一个好的队伍离不开灵魂人物的带领,但更离不开优秀队员的拼搏付出。队员们进入校队后都非常努力,在平时网球队会有一周三次、每次三小时的训练,而基础差的队员往往还主动给自己"加餐"。比赛之前,网球队的训练会增加到一周五次,一般赛前一个月,球队还会组织集训,进入每天训练的模式。

　　网球比赛的节奏非常快,因此对运动员的体力和耐力要求很高。重庆是全国著名的三大火炉之一,六七月份日光灼人,为了备战全国大学生网球联赛,队员需要每天顶着烈日长时间训练,三十多度的"烤验"着实是不小的挑战。几天下来整个人不仅晒黑了,皮肤都可能会脱皮。"网球运动需要一定的身体素质作保证,因为一场网球比赛往往时间较长,所以我们平时除了进行一般的基础训练外,还要对网球这项特别的运动进行特别的专业训练,尤其是对脚步的灵活性和身体耐力的训练。"周小敏领队介绍说,因为网球比赛不像篮球运动,其特殊性在于它不规定比赛的时间,而是根据比分的不同决定胜负,因此耗时可能会比较久,这就需要教练员对每个学生对"症"下药,达到因材施教的目的。

网球训练的过程非常辛苦,耐心方面的训练更是枯燥,因此需要运动员具有强大的毅力。赛场上的情况变化莫测,比如风向、风速等天气因素,这些需要队员根据实际情况不断去调整。特别是当比赛进行到最后时刻,双方一直保持胶着状态,这时比拼的就是意志力,能坚持到最后的就是赢家。

2014年参加全国大学生网球联赛决赛时,在一场赛次关乎我校能否进入八强的比赛中,每个队员都打得很卖力。"特别是周泓懿,在比赛已经是一比五落后的情况下,她通过自己顽强的拼搏反败为胜。最后我校代表队顺利进入八强,还取得了第五名的好成绩。"刘延军教练表示,队员们的表现让他感到震撼,在对方水平明显高于我们的情况下,她们跟对方展开拉锯战。"她们的顽强拼搏、超强意志力和坚持不懈,让我想到了西政精神,这是自强不息的西政精神在她们身上的具体体现!"赖飞扬也介绍说,那场比赛进行了接近3个小时,所有场地的比赛都结束了,周泓懿师姐还在打,让她看到了什么是拼搏,让她知道了在赛场上只要不放弃就会有机会,只要没到最后一刻就有胜利的可能。

著名网球运动员斯蒂芬·爱德博格有句名言:"如果你想真正地打好网球,那就意味着艰苦的工作,想成为顶尖选手是没有捷径的。"网球队由弱变强的蜕变之路不可谓不艰苦,队员们凭借着自强不息的精神,一步一个脚印地踏实训练才创造了一个又一个奇迹。

## 并肩作战　风雨同舟

谈到网球队的未来,无论是教练还是队员都充满了期待,都希望网球队能够不断成长,男团女团齐头并进。在全国决赛中闯进前三名,在重庆市联赛再次卫冕冠军,是她们2016年的共同目标。"既然选择了远方,便只顾风雨兼程。"尽管追逐梦想的路千回百转,但是她们不惧风雨,永远目光坚毅地望向远方。

在采访中无论是赖飞扬、欧阳祎,还是毛涵萱都不约而同地

**毛涵萱**

说过："因为我们是一个团队。"言语中处处体现着她们的集体意识。网球队是一个团结友爱的大家庭，球场上，队员们一起训练、互相鼓励；赛场上，他们齐心协力、并肩作战；生活中，他们志趣相投、惺惺相惜。在网球上、学习上、生活中都会有起起落落的时候，如果遇到低谷，有人拉你一把，会更加顺利地走出逆境。赖飞扬表示，在她打球打得最差、情绪处于最低落的时候，是教练和队友帮助她从低谷中走出来，这让她很感动，也让她愿意为西政做更多的事情，争取更多的荣誉。

在网球队，教练和队员的关系特别融洽，"其实大家更像朋友。"提及教练时她们都这样说。在网球队，从教练到队员都是极其热爱网球运动的，于他们而言，一起谈论网球、打网球就是最令人开心的事情。刘延军教练说："除了教她们网球，我自己也打网球。我一直把很多时间放在网球上，我会和她们打，也会把自己的朋友叫过来陪她们练习。"此外，西政网球队与其他球队的最大不同就在于没有分男女队，男女网球运动员同属一个队伍。可以说女团优异成绩的取得也有男团的功劳。正是因为有男团一直在无私地陪女团练球。女团才能够不断进步、不断提高，从而在赛场上屡创新高。

欧阳祎

邹茜

对于网球队的高强度训练，队员们并不认为是一件苦差事。也许正是因为对网球浓厚的兴趣淡化了其中的苦涩，也许是因为一群爱好相同的人聚在一起为梦想共同奋斗是一件美好的事。"它对我们来说就是一种娱乐，因为你喜欢它你才去做，就算很累你也会去享受。因为我们是一个团队，你不是一个人在训练，大家一起训练会很好玩，你会很喜欢这种氛围。"队员毛涵萱一语中的。网球对她们而言有着特殊的意义,是一种生命的烙印,是一种心灵的归宿,是一种关于诗和远方的情怀。

"芳心似水激情如火梦想鼎沸,纵横四海笑傲天涯风情壮美。"这句话用在西政网球女团身上再贴切不过。她们一路披荆斩棘,历经风雨,终见彩虹。西政网球女团,一簇风雨锻造的铿锵玫瑰。

(本文原载于《西南政法大学报》2016 年 4 月 30 日总第 837 期)

# 绿茵场上浪淘沙　黑白足球诠真情[*]

## ——记我校女足荣获重庆市足球联赛甲组冠军

"咔嚓",快门声响,胜利的喜悦被牢牢定格,阳光之下,绿茵场上,灿烂的笑容将校旗上"西南政法大学"六个字衬托得更加明亮。经过五天四场的激烈角逐,这一支仅成立三年的球队终于不负众望,继去年"西南证券杯"的辉煌成绩后,再次夺得了重庆市足球联赛女子甲组冠军。

正如冰心曾说:"成功的花,人们只惊羡它现时的明艳,然而它的芽儿,浸透了奋斗的泪泉,洒遍了牺牲的血雨。"这朵荣誉之花,同样承载着西政女足球员的心血与汗水。

## 苦中作乐亦无悔

"踢足球是一件非常苦的事情。"获得"最佳球员"誉称的蒋彬彬坦言道。比赛前球队开展了集训,从十月初到十一月末,每晚六点到八点,总能在操场上看到她们无畏风雨的英姿。最开始训练的那一周,为了提高队员们的身体素质,训练方案强度比较大。结束后,队员们连上下楼梯都会

女足

---

[*] 本文作者:韩雪征　程依　陈亦奇

感到身体疼痛，只能靠着扶手慢慢挪动。教练刘艳茹很能理解队员们的难处，更为她们的坚持感到欣慰，她说："每个队员都背负着西政的荣誉，因此我们必须要认真对待训练，绝不能有半点含糊。这些女孩子能坚持下来，真的很棒。"

辛苦是足球训练的常态，但快乐是队员们的主观选择。谈及刘教练，在外人看来或许有些严肃，但在队员心中，"寓教于乐"才是她真正的标签。"我们的训练很累，但同时笑声也很多。"队长谭杨表示，整个女足队氛围很好，每个人都乐在其中。如果一段训练比较枯燥，教练就会穿插一些队员们喜欢的元素在里面。

女足

小游戏和带着善意的"惩罚"使辛苦的训练增添了许多欢声笑语，也让队员们时刻绷紧的神经得到了有效的放松。蒋彬彬回忆道："冬天训练赛时遇到下雨，广告牌都被吹翻了，积水阻碍了球的滚动，但还是要继续训练；重庆的夏天烈日炎炎，地表温度甚至可以达到六七十度，我们喝点藿香正气液就继续上场，小游戏还包括一些奖励惩罚都不过是苦中作乐，但我不后悔选择了它。"

荷兰名将伦森布林克说过："足球是一项艺术，是需用智慧去踢球的！"体能是足球的基础，以此支撑技术的发挥，而技术的发挥是为了更好地体现战术，这是一个递进的关系，一支好的球队必须集体能、技术和战术于一身。训练时，刘艳茹经常亲自上场为队员们示范，要求队员们思考选择跑动位置的原因，反思自己的不足，寻找最优的路线。劳身之余还需劳神，提高了队员们的训练效率。

为了足球，队员们放弃了休息娱乐，几位大四队员甚至放弃了考研，但这些都是一种无悔的选择。不能决定对手的状态、不能预料赛场情况的她们只能提高自己球队的水平，以苦为乐，无怨无悔。尽管辛苦的付出不能确保最终的胜利，但它能让队员们昂首挺胸、自信地走上赛场。


# 团队作战共拼搏


谈起足球比赛获胜最重要的因素，教练和队员都给出了一个不约而同的答案:团结。11 位上场球员、7140 平方米的标准赛场,足球是参与人数最多、场地面积最大的团体竞技运动,每一次进球都离不开队员们的传球、防卫和助攻。足球受人喜爱并经久不衰的重要原因就在于团队协作,任何个人都无法主宰比赛,它要求的是球队整体的能力。

"对于集体项目而言,团结的力量是最大的。我做的只是穿针引线的工作,把 22 个人的心连起来,凝聚成一股强大的力量。"刘艳茹介绍说,2014 年建队以来的每一次比赛,她们从不认为自己有绝对可以获胜的实力,只有做到训练时吃苦比别人更多,比赛后总结比别人更多,这才是成功的关键。团结不是一个抽象的概

女足

念,而是训练中点滴的累积。"每个球员都是一粒砂石,只有通过一次次付出、跌倒、再爬起,才能让砂石真正聚拢在一起,汇成一座坚不可摧的城堡。"

"同甘共苦"四个字说起来轻松,做起来却很难。为了培养队员们的团队意识,刘教练在训练时要求,哪怕只有一个人没有做好,全体都要加练。"我们是一个集体,不论训练还是比赛,一个人的错误都会让全队买单。"蒋彬彬解释着教练的良苦用心,"比如我的位置,如果随意丢球,那么前锋就要去反抢,后卫也可能来追球。"

团结是球队的内在状态,其在赛场的表现则是队员们不顾一切的拼搏。队员张浅儿笑言:"记得去年比赛时,我有时还迟迟找不到状态,而今年裁判开场哨响起的那一刻,我觉得自己仿佛置身战场,周围都是跃马厮杀的战友。"与四川外国语大学队比赛时,队员李熙被撞倒在地。看着她一瘸一拐的样子,教练判断可能是韧带裂伤,连忙询问还能不能坚持。李熙肯定地回答:"我能行!"说完她竟立刻奔跑起来。刘教练感慨道:"那时候的比分是 0∶0,她奇迹般地好起来对全队是莫大的激励,她的精神也感染着在场的每一个人。"

法国球星蒂加纳曾说:"比赛的胜利决定于人的精神和毅力。"内心强大,躯体也会坚强。不确定的赛场,确定的团结合作,在没有强与弱、只有胜与负的足球场上,妄自菲薄和骄傲自满都是最不可取的心态,唯有拼搏到底才能取得最后的胜利。

# 情谊作舟方远航

　　尼采曾说："有伙伴关系，但愿也有友谊。"①旨在表明友谊的可贵，但真正的伙伴之间必定有真挚的情意，也只有心与心相通的友谊才能带来伙伴们精诚的合作。球队有一个特殊的习惯，没有师姐师妹之称，都喊名字或外号，就连两位教练也被大家亲昵地称为"茹茹"和"华华"，不同年级、不同专业的队员们亲如一家。刘教练说："心不在一起的球队，怎么打都不会赢的。"她提起，在队群里，不管任何事、任何时间，哪怕小到一个掉饭卡的事情，大家都一呼百应，会竭尽所能地来帮你。

　　球员们配合默契、互帮互助，锻造出了深厚的友谊，到最后，胜利已经不是大家追求的唯一目标。队员蒋佳琪回忆："我本身是一个防守型前锋，面对整场一球未进的局面仍不免感到十分沮丧。队友们看出来了这一点，在比赛最后十分钟时都尽量把球传给我，给我射门的机会。"刚进队时，蒋佳琪也曾因为没有适应而经常被教练批评，甚至想过放弃，正是队友们一条条暖心的微信，教练私下一声声关切的叮咛，激励着她不断前行。

　　开始的开始，我们因为共同的热爱走到了一起；最后的最后，我们因为彼此间的情感不忍分离。这正如梁漱溟在《朝话》中所说："合作之根本，为情意相通，情意之相通，必彼此互以对方为重。"而让队员们不愿分离的，除了她们之间的友谊，还有她们对校队和学校的情意。

女足

　　在西政女足中流传着这样一句话："背着自己的号码和学校的名字跑在赛场上，很重，但我们脚底生风。"球队没有特别的口号，每次对外比赛前都只会简单地喊出"西政加油"，这恰恰有着让每个人都热血沸腾的力量。但女足

---

　　① [德]尼采：《查拉图斯特如是说》，孙周兴译，商务印书馆2010年版。

在校内的推广宣传远远不够,一方面因为球队人数有限,并且很多都已经大三大四甚至是研究生,她们无暇为招新投入太多精力;另一方面,足球在许多人心中依旧是一项十分"汉子"的运动。刘艳茹认为,足球能教人自律,教人坚持,对个人素养也有着全面的提升。更何况女足队里不止有运动健将,脱下了球衣,她们同样是自习室孜孜不倦的学霸,清新脱俗的女神,多才多艺的文艺青年;但当冲锋的哨声吹响时,披上战袍,她们清丽的眼眸透着一股英气,共同驶着友情铸成的舰船,为着共同的目标扬帆破浪。

不论是赤日炎炎的夏季,还是寒风凛冽的冬天,绿茵场上,始终有一群轻盈矫健的身影,她们翩然若惊鸿,同样不失英秀挺拔之气。一个黑白相间的足球,诠释着西政女足的青春活力;一把挥洒而飞的汗水,见证着西政之铿锵玫瑰的惊艳风姿。一个个漂亮的传球,一个个迅猛的射门,默契相会的眼神,天衣无缝的配合,掬一把泪与汗,却不曾后悔,她们自豪地宣称:"这,就是我们西政女足!"

（本文原载于《西南政法大学报》2016 年 12 月 31 日总第 849 期）

# 03

## 厚德篇

　　"弟子,入则孝,出则悌,谨而信,泛爱众,而亲仁。行有余力,则以学文。"孝长尊亲,信义博爱,这些道德准则自先师之时就已然是学习文化知识的重要前提。文化相承,以人为本,为人立世,厚德当先。重视科学文化知识的教育,更注重品行道德的培养,这正是西政文化的独特之处。

【掇菁撷华】

# 毓秀微风 润人无声<sup>*</sup>

## ——西南政法大学"互联网＋校园文化"育人新模式

随着"互联网＋"时代的全面来临,高校文化育人阵地也面临新挑战,除了巩固传统平台,必须到网络平台开辟新战场。西南政法大学党委高度重视网络文化建设工作,把网络文化建设作为学校思想政治教育、培育和践行社会主义核心价值观和文化育人的重要抓手,做到平台阵地系统规划、内容生产与时俱进、人才队伍有力保障,让马克思主义的旗帜在网络空间阵地上高高飘扬。2015 年 9 月,经教育部思想政治工作司批准,学校成为教育部高校校园网络文化建设专项试点单位。同年 12 月,通过教育部思政司半期检查验收,冯刚司长实地调研并高度肯定:"西政校园网络文化建设有思路、有基础、有载体、有抓手,工作很有成效。"

### 一、全媒矩阵,平台阵地系统规划

自开展网络文化建设专项试点工作以来,学校对平台阵地进行系统规划,以媒体融合为抓手,基本建成以智能手机为载体的全媒体分众传播平台。分类建设,实现了门户网站(西政网)、专题网站、学术网站、互动社区(西政巷子论坛)、微博微信群落、手机报(周报西政)等校园平台阵地对全体师生全覆盖,形成了阵地在我、主权在我、技术在我、人才在我、管理在我的网络文化建设良好局面。

1. **门户网站做精做深**。门户网站的建设突出精品意识,按照学校视觉形象识别系统设计,做到网络文化与实体文化相统一,采用最新的 HTML5 技术,实现 PC 端、平板电脑和手机全终端自适应。网站群系统子站点实现"一键建站",为网站

---

＊ 本文作者:党委宣传部

集群化建设提供便捷途径。"西政网"在连续4届被评为"全国高校百佳网站"的基础上，于2016年再次荣获"首届全国高校名站"称号，成为全国20个名站之一，"西政网"也是重庆市唯一一个"名站"。西政英文网荣获"首届全国高校名站"提名，成为全国20个提名网站之一。学校"学习实践科学发展观活动""创先争优活动""我的中国梦活动"专题网站连续3届获得"全国高校百佳网站优秀专题网站"称号。

2. **特色专栏做新做实**。特色专栏的建设突出"新""实"。西政网打造"故事西政"特色栏目，对学校、学子、学人进行深度报道；打造"西政理论＋"特色栏目，促进全校师生网上理论学习。西政微信频道打造"法律诊所"特色栏目，发挥政法院校优势，服务社会，目前共承接处理了400余起案件，涉及民事综合、婚姻继承、劳动社保等各方面，产生了较好的社会

"在线法律援助平台

影响，成为有一定知名度的在线法律援助平台，受到"华龙网"、《重庆晚报》等媒体报道。

3. **全媒矩阵做专做强**。学校将西政微信频道打造为端口级平台，实现了以微信为入口的受众引流，用户可通过微信频道进入报纸、网络、广播、电视、户外五类媒体，全媒体矩阵基本建成。为此，学校荣获"中国大学新媒体百强榜"第29名，并获"优胜高校"称号；西政微信频道荣获第二届重庆市高校网络文化建设与管理"十佳"优秀成果奖；西政微信频道建设经验登上《法制日报》；西南政法大学学工部微信公众号获评中国研究生"年度关注媒体"；管理学院"大山读报时间"登上"华龙网"等重庆本土媒体。目前，学校有各类微信公众账号107个。通过加强校级和二级媒体平台联动，实现"一次发声、多次回响"的效果。

### 二、革新话语，内容生产与时俱进

学校以紧跟时代潮流，增强网络文化育人实效性为目标，探索内容生产新话语，即针对当代高校学生生活逐步移动互联网化的新形势，勇于正视师生之间"话语代沟"，不断完善校园移动终端平台，不断贴近学生学习、生活实际，不断创新表

现形式,提升产品供给能力。采用学生易于接受的方式,潜移默化地开展大学生思想政治教育,坚持不懈地用科学理论武装头脑、指导实践,以文化人,铸就学生高尚道德情操,促进学生德智体美全面发展,努力把学校建设成为校园网络文明建设示范区和辐射源。

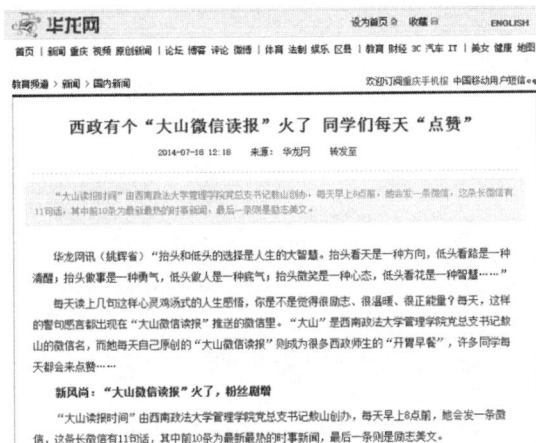

管理学院"大山读报时间"登上重庆本土媒体

1. **视听冲击,品牌栏目屡获大奖**。推出《学在西政》和《法治西政》两档学生自制系列网络栏目。《法治西政》之《校园网络诈骗》节目从全国上万件作品中脱颖而出,经司法部、国家网信办、全国普法办联合评审,获"微视频类优秀奖",学校获"优秀组织奖",成为全国政法类院校中唯一获奖的高校。音频节目《吴哥之美》荣获第九届北京大学生声音潮流季大赛"央广公益广播优秀奖"。"西政女生节创意快闪"视频点击率近4万,《人民日报》客户端、人民网、腾讯网等进行了报道。

2. **用户参与,PGC + UGC 革新话语**。充分发挥 PGC(专业生产内容)与 UGC(用户生产内容)协同作用,依托西政微信频道推出"直击军训""毕业季跳蚤市场"等移动终端主题页面,引导网友参与讨论,页面总访问量近20万次,访客数近10万。《西南政法大学章程》采用互动游戏页面方式,页面阅读量突破20万。"为学校送祝福"页面活动参与量突破10万。官方微博"毕业季"主题互动策划阅读量为300万+。相关作品多次被"人民网""新华网"等媒体头条转载。

西政巷子论坛

3. **润人无声,主题教育人气爆棚**。采用学生喜闻乐见的形式,利用全媒体平台推送,生动传播社会主义核心价值观,开展"岁月剥落尤见红岩""为梦起飞""国旗红点亮西政地标""自强前行""学习中国法文化"等网络主题教育活动。在"西政网"、西政官方微博、西政微信频道、"西政理论＋"等平台上讲述西政好故事、传播西政好声音,多形式发布了《央视:从西政毕业生到空军军人》《@西政人,2016"家"什么?》等引导师生践行社会主义核心价值观的内容,阅读量均近百万,通过正能量故事潜移默化地影响师生、感染师生。

《国旗红点亮西政地标》　@西政人,2016"家"什么?　《新年祝福西政,你是第几个?》

### 三、建强网军，保障措施坚强有力

认真贯彻落实习近平总书记提出的"建设一支政治强、业务精、作风好的强大网军"的总体要求，不断巩固网络意识形态工作主动权、话语权。

**1. 队伍筑根基。** 在不断夯实网络管理队伍、网络撰稿队伍、网络评论队伍等建设的基础上，学校还成立了"红色文化创作传播中心""毓秀微风"大学生网络文化工作室，以促进践行社会主义核心价值观，弘扬网络传播正能量，营造健康、积极、向上的网络文化氛围为目标，致力于优秀大学生网络文化产品的创作、推广以及校园网络文化活动的组织开展。

西政理论+

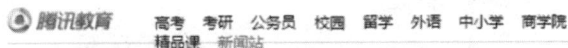

今年女生节，西南政法大学上演了一场主题为"因你·宠爱"的女生节快闪活动，没有只拉不做的满屏横幅，只有一件件小事中的温馨宠爱。

"西政女生节创意快闪"视频点击率近 **4** 万，《人民日报》客户端、"人民网""腾讯网"等进行了报道。

2. **机构促发展**。学校党委批准成立党委网络工作部,统筹全校网络工作,其中一项重要的职能就是加快推进学校网络文化建设,不断加强学校网络文化工作队伍能力的提升,注重解决"能力危机""本领恐慌"等问题。同时,学校在党委宣传部增设校园文化科,统筹全校校园文化建设工作。

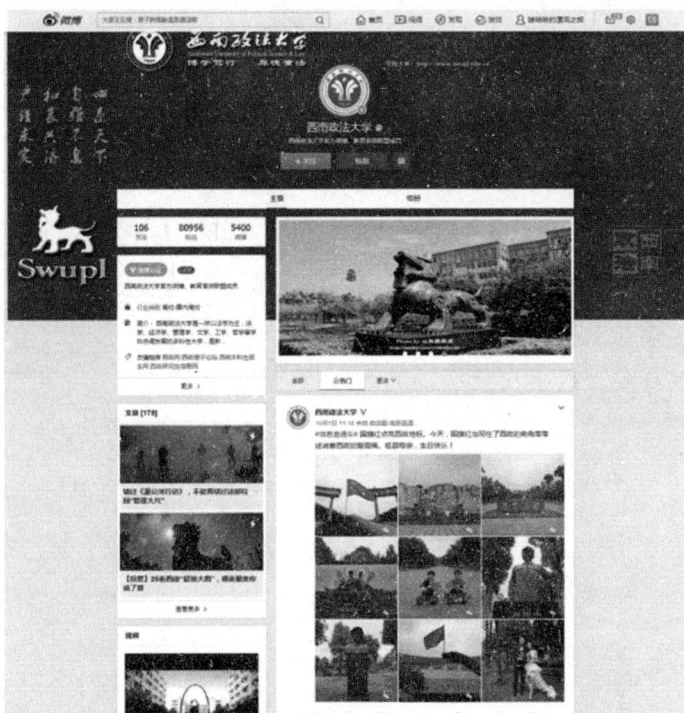

学校官方微博

3. **制度保长远**。学校探索突破制度瓶颈,即将出台的《西南政法大学互联网作品认证管理办法(试行)》,切实将优秀网络文章纳入科研成果统计、职务职称评审、学生学分等环节,旨在解决动力机制问题,激发调动广大师生在网络发文、发声的内生动力,从而唤醒"沉默的大多数",形成网上正面舆论场。

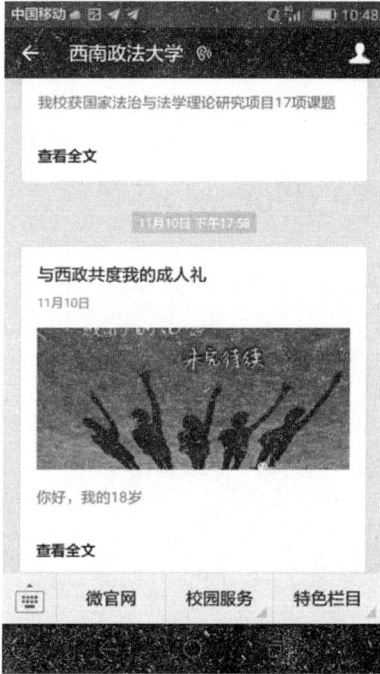

学校官方微信

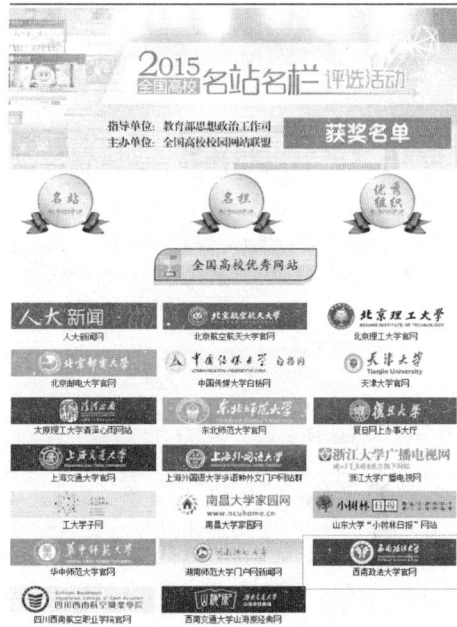

西政网获评首届全国高校名站

# 借力校园全媒体　打造心理软环境*

## ——培育大学生心理健康教育特色文化

### 一、工作目标与思路

大学生作为文化层次较高的群体,一直以来都被认为是最活跃、最健康的群体之一。随着我国教育体制的改革、社会转型、思想变革以及就业形式的日益严峻,且在校大学生正值青春期,心理发育尚未完全成熟,这些因素的相互作用会使相当一部分大学生不能正确地对待遇到的各种问题,从而感到困惑和迷茫,甚至发展为严重的心理障碍。

**2016 年心理普测现场**

---

\* 本文作者:学生工作部

大学生心理健康问题已成为社会普遍关注的热点问题。2004年,教育部、团中央、全国学联办公室向全国大学生发出倡议,把每年的5月25日确定为"全国大学生心理健康日"。我校也借此主题在全校有针对性开展心理健康教育工作,引导大学生树立心理健康意识,发掘个人潜能,帮助解决在学习生活及成长过程中遇到的烦恼与问题,促进人格完善,以便更好地了解自我、发展自我。

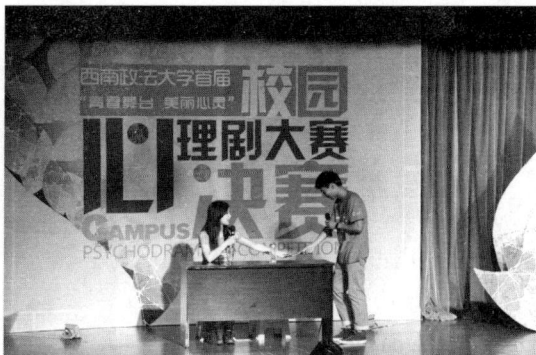

第一届校园心理剧

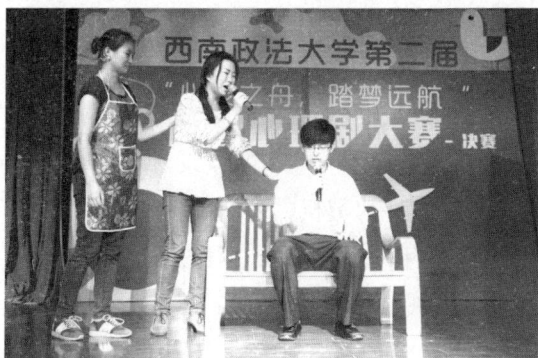

第二届校园心理剧

我校的心理健康教育工作,主要从培育大学生健康心理的校园"软环境"着手,动用校内所有可用媒介进行宣传,营造一种有利于促进大学生心理健康的校园文化氛围。与此同时,在活动期间,同时期推出了校园心理剧大赛等一系列的精品活动,帮助大学生认识自我,构建有利于大学生身心健康的校园文化"软环境"。

从构建校园文化层面来加强大学生心理健康教育,这一构想无疑是跳出了原有的框架,以更具统涉性和延续性的角度来关注大学生心理健康教育问题。社会心理学的一项研究表明,人的一切活动,不论是内在的心理活动还是外在的行为活动,均受到其所处环境的影响。校园作为大学生的主要活动场所,其所具备的环境和氛围对于大学生的心理健康具有重要的影

第三届校园心理剧

响。从大学生成长角度来看,心理健康目标的达成受到个体身心发展、社会文化、家庭学校教育和同龄群体影响等多种因素的影响。校园文化作为社会文化范畴中的一支亚文化,在大学生的心理健康教育中起到根本的基础作用。一方面,校园文化形成于高校师生的内心和言行,作为文化主体的大学生的身心状况是校园文化产生的重要基础;另一方面,校园文化建设是心理健康教育的有效载体和有力手段,文明向上、积极进取的校园文化能够切实提升心理健康教育的实施效果。

第四届校园心理剧

西南政法大学是中华人民共和国最早建立的高等政法学府之一,是教育部和重庆市人民政府共建高校,思想学术氛围浓郁,人文教育土壤深厚,历来高度重视校园文化的建设工作。学生处心理健康教育与咨询中心结合"崇法尚理严谨规范"的专业特色,借助"5·25"大学生心理健康日的契机,多年来着手举办了大学生心理健康文化月活动,充分运用全媒体的宣传力量开展心理健康工作,在校园中已培育并发展出一种关注心理健康的文化氛围。

### 二、实施方法与过程

将关注大学生心理健康教育提升到建设校园文化的层面上来,主要是因为和谐的校园文化氛围能让每一位身处校园生活的大学生不自觉地受到感染,有利于培养他们树立健康的人生观和世界观,有力度地脱离亚健康心理状态。心理健康教育工作主要从以下两个方面展开:

(一)发挥全媒体力量,实现心理健康教育全覆盖

心理健康教育工作的成效,关键看是否对学生群体产生了积极影响,而产生影响力的前提是同学们能意识、重视并参与到相关活动中来。因此,面向学生心理健康工作的前期宣传、跟踪、效果反馈等环节的广播性和互动性就显得尤为重要。

1. 充分发挥新媒体优势,搭建师生自助互动参与平台

大学生对新生事物天然具有强烈的好奇心和亲近的倾向。新媒体作为新兴的沟通载体,是学生群体沟通的重要方式。心理健康教育工作始终关注学生的身

辅导员沙龙之心理危机干预与预防

心发展状态,及时将新媒体纳入日常工作范围内,充分发挥其方便、快捷、有效等优势。2007年,开通了心理健康教育与咨询中心网站,学生通过网络参与心理测评,预约或发送邮件接受咨询。2012年,开通了心理中心微博,推送心理知识和活动资讯,实时解答学生的疑问,提供心理咨询。2014年初,专门开通了微信公众号,打造"筑心共成长"团辅工作坊特色活动,拓展了师生互动渠道,提高了心理援助的效率。

随着科技的发展,新兴媒体在心理中心与学生之间搭建了越来越多便利的桥梁,加强了彼此的沟通和互动。尤其是近三年,心理健康教育开展的系列活动,均实行网上多渠道发布,实现信息发布、活动跟踪、互动调整与效果反馈的全程新兴媒体助力的目标。同时,学生的互动频次和意见反馈数量也呈上升趋势。心理健康教育工作不仅在广度覆盖上有突破,而且基本实现向个体渗透的成效。

辅导员微沙龙之亲密关系

2. 继续巩固传统媒体阵地,保证心理健康教育稳态传播

我校开展心理健康教育工作已有15余年,多年的工作模式在利用传统媒体方面,已经有了成熟的模式和完备的经验。新兴媒体所具有的优势并不能代替传统媒体在传播过程中的历史优势。为此,西政广播电视台、西政新闻

辅导员微沙龙之亲子关系

网、海报张贴、纸质材料文件等仍具有不可替代的宣传作用。尤其是心理中心根据学生心理特点编撰的十余种心理自助手册，在学生群体中具有广泛的影响。这些手册的内容通俗易懂，语言鲜活明快，可读性很强，深受学生喜爱。通过这样喜闻乐见的形式，无形中增加了大学生对心理健康的关注和了解。同学之间甚至有时打招呼："爱情手册你看了吗?"同时，学生利用新兴媒体向心理中心反馈建议，基本实现线下阅读与线上沟通的连接，促进了心理健康教育工作的深入化开展。

（二）开展丰富多彩活动，形成良好校园心理健康软环境

心理健康教育工作中的重要一环是开展活动，而校园文化的建设也离不开在活动中的培育和塑造。我校全年定期开展一些活动，主要有校园心理剧大赛、团辅工作坊、现场心理咨询、心理大讲堂讲座、心理电影、美文赏析、讲课比赛等活动。参与形式不仅有个人，也有团体；不仅有知识展示，也有才艺展示；不仅可以线上参与，更能线下互动；不仅可以是参与者，也可以成为组织者。丰富多彩的活动形式为更多学生能够参与提供了可能，同时将心理健康观念更大范围、更深刻地进行了宣传和拓展。

1. 少数人的舞台，大多数人的故事

校园心理剧已经连续开展了四年，通过学生的剧本明显可见，内容更加贴近日常学习、生活。校园心理剧是以舞台表现来重现大学生在学习、生活中遭遇或经历的各种心理事件，引导学生关注、反思、领会和体验心理剧中相关人物角色的心理困扰和冲突，

**辅导员微沙龙之职业倦怠**

通过舞台表达促进对心理健康的认识与重视，探索心理自助、他助的方法与途径，帮助学生树立正确的人生观、价值观，激发学生主动发掘自我潜能，提升自我，积极、健康地成长，从而有助于构建良好的校园文化氛围。

2. 团辅工作坊，心灵成长时

2014年，我校举办了以"职业规划、人际交往、减压放松、适应环境、恋爱问题、情绪调节、个人成长"为主题的"筑心共成长"团辅工作坊活动。活动采用现场、电话、微信、微博等报名方式，报名学生涵盖全校各年级本科生和研究生，直接参与学生近300人次。通过收集整理学生的活动感言发现，团辅工作坊切实让部分学

**2016 年青春健康微课堂讲课比赛**

生收获了心灵的成长,发生了从对心理健康存有偏见到乐于接纳并积极向身边人推荐,从有困惑自己埋在心底到寻求自我解决的途径或求助他人的转变。2015年,我校在沿用新媒体基础上,强化了与学生的互动功能,促进学生从身体参与活动到心灵关注并建设活动的转变。

3. 摆点搭台现场宣传,心理咨询面对面

在校园的要道设点搭台,现场提供心理测试、资料发放及心理咨询等活动内容,尽可能为对心理健康存疑以及对是否寻求心理援助存有犹豫的同学提供了近距离了解的途径和可能。同时,通过观看其他同学对活动的热情

**2014 年青春健康微课堂讲课比赛**

参与可一定程度上扭转其他同学的不正确认识。近几年,每年参加现场心理测试和领取资料的人次超过千人,直接与现场老师沟通的达到 50 人次。可见,对心理持开放和接纳态度的学生人数日渐增长,健康心理的校园文化已初现效果。

4. 校内校外专家齐上阵,专题讲座除心中阴霾

心理大讲堂旨在邀请校内外的专家学者不定期为全校师生开展不同专题的心理讲座。近五年,我校累计组织心理健康教育相关讲座就达到 83 场。根据师生的不同需要,邀请校外专家来校讲学,涉及主题有:心理危机的干预与预防、心理障碍的识别、青

**2014 年现场心理咨询**

少年心理、艾滋病与性健康、爱情与婚姻、精神卫生法的解读等。

5. 品经典心理电影,反思自我的成长

观看电影是绝大多数大学生日常生活中的一项内容,如何让视觉上的"观"提升到心理层面的更多"思",这是公开播放心理电影的重要目的。从心理学的角度对电影赏析,可在一定程度上舒缓学生对心理健康类词眼的排斥,同时引导形成新的认识观。每年播放2~3场心理电影,引导学生思考影片人物的心理历程,促进自我的思考。

### 三、工作成效和经验总结

#### (一)工作成效

近年来,随着各种新媒体的进入,心理健康教育工作的开展途径日益增多,其成效也是明显可见的。学生对心理健康教育的关注、参与和反馈明显增加,工作的成效主要体现为:

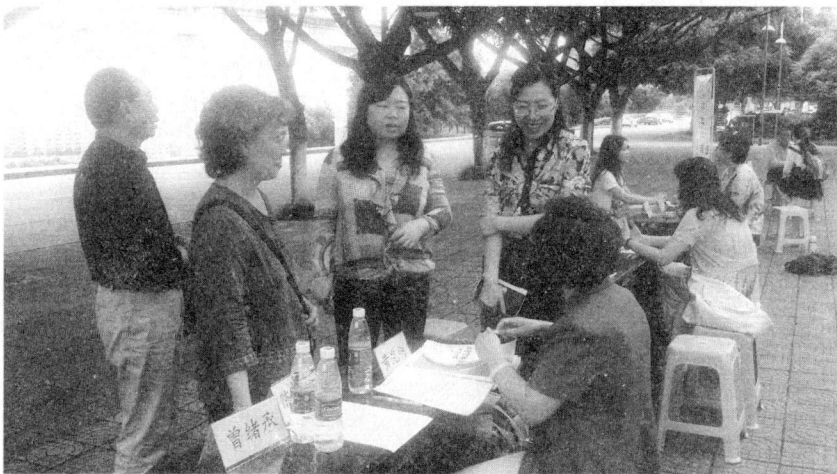

**2016年现场心理咨询**

1. 促进活动的参赛人数逐年递增

以2013年开始开展的校园心理剧为例,第一年收到28份剧本,考虑到活动开展的时效性,第二年建议各学院统一提交不超过2份剧本,依旧收到筛选后的34份剧本。参赛队伍的人员配置也发生变化,从身兼剧本创作、导演、演员、幕后等角色到有明确分工,直接导致参加人数的倍增。

2. 催生校级活动的学院化培育

各学院积极参与健康心理校园文化的构建。根据业已形成的校园活动开展情况,结合学院特点,针对性地开展其中一项或两项活动。如法学院开展"最佳拍档之我的'心'世界"心理剧比赛,应用法学院、经济学院开展以心理健康为主题的微型讲课比赛等,这不仅促进心理健康的观念细胞化扩散,并一定程度上促进校园文化的基础性建设,而且为来年的校园活动更为成熟有效开展培育了种子,从而实现校园活动与校园文化的互动式发展。

心理大讲堂之陈一筠教授讲座

3. 进一步拓展了心理健康教育的途径

由于微信、微博媒介的便捷性和保密性功能,它们在与学生的点对点互动过程中起到越来越重要的作用。学生不需要与咨询老师面对面且耗时地建立起信任关系,便可直接表述自己的困惑,而且打破了咨询的时空界限,并在一定程度上回避了面询可能具

心理大讲堂之乔志宏教授讲学

有的不匹配因素。此外,学生通过手机移动端,能更加快捷方便地接收心理健康的资讯,促进了信息的沟通和效果的实现。

4. 营造出健康心理的校园文化氛围

结合近年来的来访学生及活动参与者的情况,明显可见,学生对心理健康有了更为全面的认识。相当部分大学生对心理健康的观念发生了转变,从讳莫如深、避而远之到可以谈谈,主动求助和反馈,心理咨询意味着心理有病明显出现了去标签化现象。从个人到寝室,班级到院系,心理健康教育工作与健康观念均呈现自上而下与自下而上的动态互动。大部分学生能够审视自我的心理状态,能够对身边需心理援助的同学提供信息帮助。

心理大讲堂之叶海燕博士来校讲座

（二）经验总结

1. 注重沟通媒介和载体，充分挖掘一切可能

大学生是最新潮的群体之一，要与之实现有效沟通就必然要理解他们的沟通方式。新媒体具有传统所不具备的一些优势，在立足打造健康心理的校园文化活动这一基础上，新媒体的作用便不容忽视，同时，要注意多重兼顾，避免盲目追新而舍本逐末。在校园活动的开展过程中，充分发挥与学生学习生活相关的各种媒介，便能最大程度地与学生发生联系，也才有可能将活动广泛、深入地开展。

2. 注重校园文化活动的系统性和连续性

校园文化之所以具备可传承的功能，其形成过程中的活动系统性和连续性就尤为重要。通过近几年的活动发现，稳定有序地开展常设活动，能够促进学院和学生对校园文化的培育和期待，参加活动后留下的影像文字等资料，不仅让参与者能获得一种满足感，而且为其今后的回忆提供一份线索。此外，由于学院各有特色，在各项活动中的展现各有

筑心共成长团辅工作坊（胡晓）

不同，也一定程度上丰富了校园文化的形式和内容。因此，学校每年定期开展心理健康系列活动，并根据学院需要提供帮助，以保证校园文化建设的稳步前进。

【且行且思】

# 德法兼修法律人才之"德"的养成之路探析<sup>*</sup>

习近平总书记在中国政法大学考察时指出,法学教育要坚持立德树人,不仅要提高学生的法学知识水平,而且要培养学生的思想道德素养。法律人才之"德"重在法律职业伦理。随着我国的法治建设不断完善,我国法律人队伍也不断壮大,作为法律职业者在其职业生活与社会生活中应当遵守的道德行为规范,法律职业伦理素养影响着我国法制建设的进程与发展前景,因此,对法学专业大学生职业伦理的构建与实现策略的制定必须予以重视。

## 一、现代法律职业伦理困境

我国的法治建设,不断取得较为显著的成就,中国特色社会主义法律体系的形成,法学教育的高歌猛进,人民群众法律意识的逐步提高……无不彰显着"法律"在中国人民心目中的地位正在越来越高。但是,纵然我们拥有不胜枚举的法律法规,纵然社会公民的法律意识逐步增强,纵然我国法律人的地位正在不断提高,但司法不公的现象依然存在,司法领域的腐败现象仍比较严重。

法律人职业伦理所带来的种种问题并不仅仅是中国所面临的困境,就算是现代西方国家同样面临着这一棘手的难关。1994年《迷失的律师》一书在美国引发热烈讨论,2007年《法律人,你为什么不争气》一书在台湾引起轩然大波,无论是英美法系还是大陆法系,法律职业伦理作为新兴学科都受到了广泛的关注。

法律职业伦理的现代困境在于它与道德之间的冲突,诉讼中只有一个赢家,

---

* 本文作者:马丙合

然而获胜的一方并不必然是符合大众道德观念的那一方。"好律师未必是好人，好人未必是好律师。"这正是律师本身职业伦理与公众道德冲突的最好写照，律师忠于委托人的保密义务往往是不符合公众道德观的，但一个优秀的律师绝不会为了追求公众心中的正义而出卖自己的当事人。至于另一典型法律人角色——法官，则被要求严格遵守程序规定，而不能仅仅因为自我的善恶喜好而妄加裁判。诚然，遵守程序法的规定能够较大程度地保障司法公正，但这种法官职业伦理将道德所存在的空间进一步压缩。学者李学尧认为："法律职业伦理中的法律职业主义宣扬，或许是法律界用以从国家和社会获取职业特权而故意营造的意识形态，是为其谋取特权而展开的一块遮羞布。"

固然，要改变这种境况需要不懈攻坚克难，政治、法律、舆论等都是改革的方向，同时由于我国目前的法治建设与发达国家还存在一定的距离，探索本土化的法律职业道德依然道阻且长。但若想从根本上解决问题，还应以教育为出发点。教育乃国之根本，然而法律职业伦理教育在我国却普遍缺失，四年科班出身的法学生学到的知识大多是为了通过司法考试，很多人连实践都甚少做到，更不必说将法律当作个人信仰，形成自己的法律职业伦理观。因此，作为培育未来法律人才的大学，将法律职业伦理纳入教学体系就显得格外重要了，方法得当的职业伦理教育把社会对法律职业者的外在职业规范和道德要求内化为法律职业者内心的道德水准和个人品德的追求目标。

## 二、法学专业大学生的职业伦理构建

### （一）法学专业大学生职业伦理建设的目标

法学专业大学生职业伦理建设的首要目标是保证学生建立出符合公众道德认知的职业伦理观。大量司法腐败的案件显示，在我国，很多时候法官之所以会走上徇私枉法的道路，正是由于他们没有坚守住自己作为中立裁判者的职业伦理。由于我国独特的法律制度，导致司法过程中往往离不开政治因素，同时相对于其他职业而言法官收入较低，因此一些法官在利益面前迷失了，放弃了对于司法公正的坚持，踏入歧途。司法去行政化已经是老生常谈，毫无新意又难有建树，如果法学专业大学生能够在高等教育阶段建立起职业道德观，这无疑是从根本上解决司法腐败的一大助力。

另外，对于法学专业大学生而言，最重要的是建立对于法律的信仰。然而对于尚未建成法治国家的我国而言，这一点尤其困难。虽然我们已经拥有一个较为完善的法律体系，但是很多法律条文却因为嫁接时没有做到本土化，而无法与我国社会较好地融合。因此,很多学生在学习的过程中会对某些自相矛盾、逻辑混乱的法律条文产生质疑,这也就成为了很多人放弃把法律当作信仰的借口。解决这一问题的最好方式当然是对法律条文进行修订,但法律之海如此浩瀚,修订又岂是短时间之内能够完成的工作?法学专业的大学生又亟须建立一种符合公众道德的职业伦理观。在这种情况下,学校只好退而求其次,尽力通过各种手段培养学生对于良知和正义的追求,教育学生形成正确的是非观。现代社会的非线性导致价值取向的模糊,是非曲直难以判断,而法律人往往需要在这样的情况下做出选择。如果一个法律人能够在接受教育阶段受到相关的引导,这在日后的司法实践中有再重大的意义都不为过。一个拥有伟大心灵的法学专业学生,是一个法学院校最为宝贵的财富。

(二)法学专业大学生职业伦理建设的主要内容

职业伦理包括职业伦理规范和职业伦理价值体系两大部分,法学专业大学生的职业伦理也不例外。各类法律法规、地方管理条例、行业标准和国际惯例等都是法律职业伦理规范所包含的内容,它是目前可以依照的从事法律行业的最低行为标准,也是法律人在进行司法活动时的基本行为准则。因此,在法学专业大学生职业伦理道德的建设中,学习相关的伦理规范是必不可少的内容。至于职业伦理价值体系,则是一个比较抽象的存在。它虽然是指导法律人进行法律活动的原则,但它本身并不必然作出某一具体的行为要求。如果能够引导学生形成完整的职业伦理价值体系,那么法律职业伦理教育也就取得了圆满的成功,所以学校应当引导学生进行职业伦理价值体系的塑造。


### 三、法学专业大学生职业伦理建设的实现策略

(一)加强人文教育,唤醒学生内在良知

人文社科向来被同时提起,但在法学教育中人文科学的教育却往往被忽略,这不可谓不是一种遗憾。目前法学院校的人才培养模式,过度强调在司法过程中的技巧运用,这就导致了很多法学专业的学生在潜意识里认为法律仅仅是一种工具,而工具的运用是不需要进行价值判断的,只要拥有者有能力,便可以随意使用工具达到自己的目的。这种认识对于法治建设几乎是灭顶之灾,但我们却很遗憾地看到在实践中利用法律为所欲为的情形已经出现,且典型的案例也屡见不鲜。

通过人文教育,可以帮助学生形成更加立体的是非观,这对于建立职业伦理观有着非凡的意义。现代社会的复杂多样,并不局限于纸上提及的种种案例,法学教育更不能局限于法律本身。虽然目前诸多法学院校已经有意识地增强学生

的通识教育以及其他社会科学方面的教育,但是甚少有法学院校将文学、历史、哲学等人文科学纳入到教育体系中。殊不知,经典文学对于个人的塑造作用更甚于通识教育或是其他社会科学。在社会大众的眼中,文学缺乏实用性,实际上,在阅读的过程中,文学已经内化为个人的价值追求,潜移默化地统治着个人行为。

(二)发挥教师的示范作用

身处较为封闭的象牙塔中,多数大学生很少有与外界交流的机会。对于很多法学专业的大学生来说,他们对于中国目前司法状况的初步认识来自于课堂上授课的老师。由于信息不对称,学生往往无法对老师所讲述的内容进行质疑,反而愿意认为那就是真相。"言传身教"重在教师自身,如果一位教师不把法律当作自己的信仰,很难想象他的学生会将法律当作信仰。因此,法学专业教师要坚定理想信念,带头践行社会主义核心价值观,在做好理论研究和教学的同时,深入了解法律工作实际,促进理论和实践相结合,多用正能量鼓舞激励学生。

(三)设立专门的课程

将法律职业伦理作为一门专门的课程,对于学生和学者都有巨大的意义。通过专门的课程学习,学生能够更快地对法律职业伦理进行一个较为全面的认识,而课程的设置或是老师的引导往往能让他们形成更加深刻的认识,从而较快地形成自己的职业伦理观。而对于学者来说,新学科的设立提供了新的研究方向,通过借鉴国外先进经验再加以本土化或提出更多创新思路,有利于尽早解决现代社会的法律职业伦理困境,有利于提高我国的法治水平。

(四)立足实践,鼓励学生到群众中去

归根结底,法学还是一门实践性很强的学科,如果不实践,法律永远只是载于纸上的文字,唯有通过实践,法律才能活过来,才能发挥出真正的作用。在四年本科教育中,学校应打破高校和社会之间的体制壁垒,将实际工作部门的优质实践教学资源引进高校,加强法学教育、法学研究工作者和法治实际工作者之间的交流,鼓励学生尽可能多地进行实践活动,将实践纳入每一个学年的考核标准。当然,实践活动的形式可以多样,无论是实习、法制宣传活动还是学校的法律类社团活动等,都对学生理解法律有着重要的帮助。只有当学生真正面临着道德困境时,才会对职业伦理有最直观的认识。

## 【政本清源】

# 探寻师生身边平凡的感动
# 构建校园精神价值的坐标*

　　西南政法大学每年一度的"感动校园——西政学子年度人物"评选活动,通过挖掘、表彰、宣传师生身边的感人事迹,充分展现西政学子的时代风采,树立可亲、可敬、可信、可学的先进榜样,进一步凝练和弘扬"心系天下、自强不息、和衷共济、严谨求实"的西政精神,探寻适应当代年轻人的个性、贴近学生生活实际的教育方式,通过品牌性的活动积极践行和传播社会主义核心价值观,推动校园文化的传承创新。

　　"感动校园——西政学子年度人物"评选活动自 2007 年开始,已经成功举办九届,共计 80 个团体或个人获奖者先后登上了这个代表西政学子在校园中最高荣誉的舞台,并多次受到社会各界及各大媒体的报道。该活动让西政师生学会发现身边的感动,激发青春正能量,也构建了校园精神价值的坐标。

### 一、创新感动教育机制,营造和谐校园文化氛围

（一）学校高度重视,完善活动机制

　　为进一步贯彻落实《中共中央国务院关于进一步加强和改进大学生思想政治教育的意见》（中发〔2004〕16 号）精神,充分展现西政学子的时代风采,在学生中树立可亲、可敬、可信、可学的先进榜样,激发全校学生的责任感和使命感,学校党委经研究,于 2007 年设立了西南政法大学"感动校园——西政学子年度人物"评选,并颁布了《西南政法大学"感动校园——西政学子年度人物"评选办法（试

---

　　* 本文作者:李瑶　左娅菲娜

行)》(以下简称《评选办法》)。《评选办法》规定了"感动校园——西政学子年度人物"评选的评审条件、评选机构和评选程序,构建了活动开展机制,也为活动开展提供了制度保障。

自2007年以来,学校把"感动校园——西政学子年度人物"评选活动作为校园文化建设的重要品牌项目写入年度工作计划,成立评选领导小组,由分管学生工作的校领导担任组长,党委宣传部、团委、学生处等部门作为成员;领导小组下设办公室,设在团委,负责实施、管理工作;每一届的评选设立评审委员会,评审委员会由党委宣传部、学生处、保卫处和团委负责人、教师代表、学生代表等共同组成,并从学生活动经费中拨出专款进行支持,形成了可持续的工作运行机制。

(二)全校师生全程参与,共同推选"感动人物"

"感动校园——西政学子年度人物"评选首先由校内各单位在全校范围内进行推荐报名工作,全校师生通过组织推荐、他荐和自荐等方式推荐自己心目中的"感动人物"候选人,并通过参观候选人事迹展、参加师生现场及网上投票等环节,参与评选出当年的"感动校园——西政学子年度人物";评选活动组委会以颁奖典礼的形式揭晓并表彰当年的"感动人物",并在典礼后进行"感动人物"的事迹宣传,整个活动周期为一年。

为了让师生更加直接、更加全面地接触感动、参与感动,让"感动校园——西政学子年度人物"评选活动成为最直接、最简单、最真实、最有力量的教育方式,学校始终遵循严格、认真、客观、公正的原则开展评选工作,并将评选对象扩展至具有"一切能够感动广大青年学生、可以作为他们的学习榜样、展现我校大学生风采、提升学校形象和声誉的事迹"的同学,注重让更多的师生参与到评选、表彰和宣传中来,确保所有的"感动人物"都由广大师生参与推选和投票产生。

(三)精心打造颁奖典礼,让榜样成为力量

为了集中展示"感动校园——西政学子年度人物"的先进事迹,鼓舞西政学子奋发进取,每年五四前后,"感动校园——西政学子年度人物"颁奖典礼总会如期而至,以独特的方式庆祝西政青年们的节日。历年来,颁奖典礼通过视频短片、推荐者讲述等丰富多彩的形式为在场观众展示"感动人物"的事迹,通过现场采访"感动人物"、现场观众与"感动人物"对话等形式近距离分享感动瞬间,并先后邀请市委宣传部、市教委、团市委领导,重庆市青年五四奖章获得者,感动重庆年度人物,重庆市感动校园十大人物,杰出校友等六十余位嘉宾为"感动人物"颁奖。"感动人物"先后被人民网、华龙网、重庆电视台、重庆商报等十余家媒体报道,鼓舞"感动人物"继续奋发图强,也带给广大师生更多激励、感动和启示。

此外,从感动人物的采访、拍摄、撰稿,到颁奖现场的主持词、颁奖词都由普通学生亲自参与完成,他们深入"感动人物"的真实生活,跟踪拍摄采访近三个月,感受、挖掘、总结他们身上的感动精神,许多学生在这个过程中经历了更加深刻的"感动"和"启发"。一位曾参与"感动人物"视频拍摄的学生在自己的微博中这样写道:"反复看视频小样,每一次却都泪流满面,最感慨那一句'穷困不是博得别人同情的资本,奋斗才是最重要的。'似乎突然明白,'感动'不一定是'惊天动地',却一定是人性最美好的品质的呐喊……"

(四)传递感动正能量,挖掘西政精神时代内涵

自1950年建校至今,学校逐渐形成了以"心系天下、自强不息、和衷共济、严谨求实"为内容的"西政精神"。迄今为止,"感动校园——西政学子年度人物"评选活动评选出的80位"感动人物"既有团队,也有个人:有用青春热血浇灌着山区孩子对知识渴望的支教志愿者,有把磨难当财富、化挫折为力量的追梦人,有在赛场上一次次战胜自我、创造新纪录的运动健儿,有在危难之际与死神博弈、和时间赛跑的国家脊梁……他们有着一个共同的名字——"感动校园——西政学子年度人物",他们身上流动着一种共同的精神——"西政精神"。原校党委书记张国林教授在《感动西政》一书的序中写道:"他们身上集中体现了西政学子的优秀品质和一脉相承的'西政精神'。他们从校园中来,为学生真心所信、所选,是我们身边的同学、朋友;他们用'小'行动演绎着不平凡,西政人为之所感动,成为我们心中的榜样和楷模。"

"感动校园——西政学子年度人物"评选活动开展七年以来,一张张青春生动的脸庞、一个个鲜活的故事把感动留在了西政师生的内心深处和记忆里。直面人生的暴风雨,在死神面前硬抢回弟弟生命的女孩杨魏魏;关注弱势群体,实在坚守理想的新闻人曹宗文;大方美丽,把西政微笑带向世界舞台的奥运引导员王冰;心系灾区,发起"春风助学"的博士蒋海松;见义勇为,危难之间跳水救人的黄少华;追求卓越,博学睿智的校园主持人姚一博;用真善美治愈失落心灵的"一米阳光"未教所支教团队;跋山涉水,凭一己之力奔走在爱心支教征程上的志愿者杨辉;心怀梦想,在联合国总部挥洒自如的中国女孩包倩宇……他们无一不是用自己的实际行动传递着感动的正能量,诠释了"西政精神"的时代内涵。

正如经济法学院教师乔刚曾在接受采访时说:"我们可以透过'感动人物'和他们的事迹,看到值得我们学习和借鉴的经验,以他们为榜样努力拼搏,也使自己成长,同时感动自己,感动他人。"民商法学院2011级学生林宏毅说:"这些年度人物有着启明星的作用,他们用自己的感人事迹引起了更多西政人的共鸣。无论是

自强不息,还是无私奉献,这些精神都将贯穿我们每个西政人的内心……""感动校园——西政学子年度人物"评选活动的意义不仅在于当选者所收获的荣誉与价值,还在于"感动人物"身上所散发的正能量和"西政精神"的时代品质引导学生学会发现身边的感动,学会以谦和的心态去评价他人和自己,学会受他人感召而审视生活、发展自我。

### 二、丰富感动文化,引领师生共同成长

(一)出版《感动西政》一书,让感动事迹在校园传颂

2013年,值"感动校园——西政学子年度人物"评选活动举办五年之际,学校整理、收录了前五届"感动校园——西政学子年度人物"评选活动中所有当选者的感人事迹,以及获奖者本人和筹划参与此项活动的师生们的感悟心得,并将其编撰成册,于2013年5月出版了《感动西政》一书。该书从一个侧面记录学校育人发展历程,凝练育人文化个性,彰显西政精神。该书的面世立即在学生中引发强烈反响,许多学生和学生家长纷纷购买阅读,而历届"感动人物"的事迹都跃然纸上,在校园里广为传播。

(二)打造"感动西政"活动主题曲及MV,让感动音符在校园跳动

2013年,学校着力打造"感动校园——西政学子年度人物"评选活动主题曲《感动的力量》,以期凝练感动精神,丰富感动文化,传递感动力量。2014年,校学生会又根据该主题曲所讲述的感动故事,组建拍摄团队,为主题曲制作了MV并在第七届"感动校园——西政学子年度人物"颁奖典礼上首映。该MV通过捕捉一天24小时西政校园各个角落的感动瞬间,为大家全方位、多视角地展示了身边的细微感动。MV内容真实,制作精致,让在场观看的师生数次落泪。

(三)举办"感动人物"事迹报告会和事迹展,让感动人物在校园活跃

"感动校园——西政学子年度人物"评选活动旨在以身边的榜样感染青年,以生活的点滴引导青年,在加强青年学子思想政治教育、引领高尚品格塑造中发挥举足轻重的作用。每年"感动校园——西政学子年度人物"揭晓后,学校都由校团委牵头,建立获奖人物资料库,整合社会媒体和学校媒体的优势,相互联动,形成宣传合力,以集中宣传、深度报道、专题展览等方式,大力宣传"感动人物"的事迹,并举办"感动校园——西政学子年度人物"事迹报告会和互动学习座谈,深化并巩固感动教育效果。

(四)联系校友参与"感动西政",让感动精神与西政学子同在

校友是学校的宝贵财富及重要资源,是母校发展最忠诚的力量与坚强的基

石。"感动校园——西政学子年度人物"评选活动的开展长期受到西政校友的关心和支持,他们不仅为当选者提供奖金以资鼓励,还为许多家境困难但学习成绩优异的"感动人物"提供实习机会。也正是得力于校友们的支持和帮助,"感动校园——西政学子年度人物"的感人事迹才为更多的西政人所知、所感。

感动教育机制在完善,感动正能量在传递,感动文化在丰富。"感动校园——西政学子年度人物"评选活动将进一步加强社会主义核心价值体系教育、推进高校校园文化建设、提升文化育人理念,努力成为我校校园文化建设的精品项目。

# 用论辩文化弘扬"西政精神"*

文化引领时代风气之先,是最需要创新的领域。大学从本质上讲是一个文化机构,传承文化,创新文化,用文化培育人才,用文化服务社会,这是大学基本的职能。正因为大学有这样的职能,才能够历久而不衰,才能有几百年的大学,甚至上千年的大学,才能"引领社会风气之先"。

大学的办学特色,取决于大学文化的多样性,彰显了一所高校个性,是一所大学长期办学传统和文化的精华积淀,也是此大学区别于其他大学的重要标志,也是这所高校所培养学生的内在特质,更是这所学校生存和发展的根本所在。有个性也才能够显示出学校的特点、优势和吸引力,产生在队伍建设和学科发展当中的所谓"杂交优势"。所以可以毫不夸张地说,个性或者特色是决定一所学校的水平、优势、竞争力和生命力的关键性因素。

长期以来,我校坚持以内涵发展作为提高人才培养质量核心竞争力的重要手段,紧密围绕教学工作,进一步优化人才培养模式,稳步提升人才培养质量,彰显人才培养特色。其中,注重"尚思善辩"的论辩文化就是我校的办学特色之一。

鲜明的法学学科和其他人文社会学科特色使"论辩"从我校建校伊始就成了西政人喜闻乐见的交流方式和学习方法,也是西政人在长期办学中探索训练"三子"——"脑瓜子、笔杆子、嘴巴子"教育的实践。六十余年来,我们清晰地看到"论辩"与"西政精神"的完美契合。论辩文化的形成以相互尊重、平等相待、崇尚理性、以理服人、共同进步为基础;论辩的内容来自于对社会的关注,论辩的热情来自于对真理的探求,论辩的过程来自于缜密的思考和团队的合作,论辩的结果则带来观念的沟通和认识的深化——而这个过程恰恰就是培养一个人具有家国天下的情怀、价值判断的能力和沟通合作精神的过程,同时,也是"心系天下、自强

---

* 本文作者:辛杰

不息、和衷共济、严谨求实"的西政情怀不断丰富与发展的过程。

### 一、打造品牌活动，多样形式拓展辐射范围

2000 年，广东天伦律师事务所希望在我校捐资举办一项活动。当时学校考虑以法科为主文科大学的实际和学生辩论的传统，最后决定打造辩论赛品牌。当年，第一届"天伦杯辩论赛（简称'天伦杯'）"应运而生。也正是"天伦杯"这个契机，使得各学院团委纷纷成立学院辩论队，十年来累计培养了拥有辩论经验的学生近 2000 名。

如今，"天伦杯"在我校开展已有十六个春秋。十六年来，以"天伦杯"为契机，校院两级辩论赛事体制进一步健全，民间性质的"辩论擂台赛"报名队伍逐年增长，至今已实现了论辩活动的全覆盖，成功打造了精英化与大众化赛事相结合的论辩文化氛围。

### 二、创新辩论赛制，文化辩论占据论辩中心

2007 年，我校代表队受到福建省科学技术协会的邀请，赴闽参加第七届海峡两岸大学生辩论赛（简称"海峡杯"）。从赛制上看，与大陆其他赛事采用单场淘汰制不同，"海峡杯"采用大陆队伍与台湾队伍两两对阵，按分数而非直接对阵以胜负晋级。这种赛制不仅要求技巧娴熟，更要求内容丰富、语言优美，尤其突出对人文素养的展示。从比赛规则上看，与当时举世闻名的"国际大专辩论赛"新加坡制不同，"海峡杯"引入了"质询环节"，规定了质询方可以打断回答方。

这次"海峡之旅"让我们认识到辩论中"文化"含量的重要，也只有提升辩论中文化的品位、文化的层次才能真正将"文化辩论"变成"论辩文化"。正如当时参赛队员后来的反思："'海峡杯'的规则设计最终反作用于实体，辩论也终于不再仅仅停留在'言'的层面，而能深入到'思'的层次。而这种'思'，亦不再是往常辩论赛所习见的纯粹逻辑的思，而得以根植于一个带有历史感与现实感的更加深厚的背景之中。"

自此，我校团委每年都邀请校内外知名专家学者为"天伦杯"比赛赛制及辩题集思广益，一改传统辩论辩题"形而上"、比赛规则守旧等缺点，大胆改革，将选题视角更多倾向于社会热点话题，将赛制调整得更为简洁、更适于辩手阐释观点。"天伦杯"慢慢从"辩论赛"变成了"文化辩论场"，辩手从"逻辑推演"转向"社会评论"，辩风也从"逻辑"之雄辩转向"说理"之儒辩。"天伦杯"也不仅仅是一个"辩论人"的盛会，更是西政人彰显"心系天下"的"西政精神"的舞台。

### 三、参加全国大赛，优异成绩提升学生自信

1999年，在学校党委的关心下，我校辩论队正式成立。2002年，校辩论队远征上海，参加第八届中国名校大学生辩论邀请赛，先后战胜了香港浸会大学、华南师范大学、哈尔滨理工大学，一举夺得2002年冠军，这也是我校辩论队获得的第一个全国冠军。

2010年，适逢世博会在上海隆重召开，上海世博会事务协调局与中国教育电视台一道举办了"创想青春——2010海峡两岸暨港澳地区高校世博辩论大赛"（简称"世博杯"）。这次比赛先后在北京、上海、武汉、成都、陕西、广州等地设立分赛区，辐射两岸四地，吸引了近百所高校参加。组委会邀请了知名文化学者思考、遴选了契合"城市，让生活更美好"这一世博主题的社会热点话题，并将其凝练成极具当下性的辩题，供大学生们激烈探讨。

在重庆赛区，我校代表队先后战胜了重庆工商大学、贵州大学挺进全国决赛。全国决赛中，我校代表队又先后战胜了北京交通大学、华东师范大学、香港中文大学和北京大学。一路走来，无论是"轿车热促进还是阻碍了城市发展"这样的新兴话题，还是"解决市民不遵守公共秩序的问题主要靠加强管理还是加强教育"这样的老生常谈，我校队员都用扎实的理论功底、敏锐的社会视角、经典的现实案例向大家展示了西政学子对社会发展的深刻理解。在决赛的评委点评阶段，原中山大学辩论队冠军教练任剑涛评委这样说道："以我做评委这么多年的经验，能像反方（西南政法大学）这样有人文关怀的队伍不多。四个字，实属难得。"最终，我校代表队勇获桂冠。

"世博杯"夺魁极大地激励了西政辩论人的"文化自信"。自信的来源不是"辩论"本身，而是西政辩论中蕴含的文化和西政文化中蕴含的辩论。而后，我校也在历届全国大赛中最终筛选出具有代表性的比赛整理完善，并邀请校内外知名专家学者撰文，出版了第一部西政辩词集——《论辩西政》。这本书的问世代表着西政论辩文化无论是理论层面还是实践层面都达到了一个新的高度。原校党委书记张国林为这本书做的序中有这样一段话："《论辩西政》撷取了我校自20世纪以来参加部分全国比赛和我校传统活动'天伦杯'辩论赛的几个片段，以期回顾和总结我校论辩文化的发展历程，凝练校园文化个性和风格，进一步发展办学特色和提升人才培养质量。"

#### 四、举办大型比赛,更大平台提升展示空间

借着问鼎世博的东风,在河南天伦集团的支持与帮助下,我校开始筹划打造属于西政自己的全国性辩论品牌——"天伦1506"全国政法院校辩论友谊赛(简称"大天伦")。2013年5月,首届"大天伦"在山城拉开帷幕,北京大学法学院、武汉大学法学院、吉林大学法学院、中国政法大学、中南财经政法大学、西南政法大学、华东政法大学、西北政法大学8所政法院校汇聚山城,就各类法学话题展开讨论。政法院校的独特视角与辩论的思辨特色相结合,展现了中国法学人才的个性与风采。西南政法大学先后战胜了北京大学法学院、吉林大学法学院、中国政法大学,与武汉大学法学院会师决赛。决赛场上,我校辩论队与武汉大学法学院就"舆论监督司法利大于弊还是弊大于利"这一法学前沿问题进行讨论,最终我校代表队荣获冠军。扎实的法学功底、出色的临场应变,西政的"文化辩论"得到了广泛的好评,西政的"论辩文化"也收获了一致赞誉。2014年,"大天伦"进行了改制,参赛队伍数量从原有的八支扩展到十二支,辩题也从"舆论监督司法利大于弊还是弊大于利"这样的前沿问题变成了"良法善治重在良法还是善治"这样具有理论深度的热点话题,法科学子展示风采的平台再次得到了社会的关注,也从侧面印证了西政"论辩文化"的感召力和影响力。

爱辩论,爱西政,爱真理。这不仅是所有西政辩论人的品质,也是西政论辩文化对"心系天下、自强不息、和衷共济、严谨求实"的"西政精神"的诠释。

# 唯因初心终不改　支部源头活水来<sup>*</sup>

　　两年,发展团员491名,覆盖率99%,315人提交入党申请书,190人被"推优",100人进入党校学习,正式党员16位,预备党员9位。

　　两年,召开4次团工作总结大会,16次部门例会,34次团总支委员会;举办团总支主题生活17次,各支部主题生活83次。

　　两年,开展包括"三下乡"在内的四大特色活动,2人获国家奖学金,36人获校级"先进个人"称号,296人获院级"先进个人"称号。

　　两年,红了樱桃,绿了芭蕉,也让这群原本素不相识的人紧紧地凝聚在一起,同经风雨,共饮荣誉。近日,民商法学院2014级团总支经过校、省、国多级遴选后,最终脱颖而出,获得2016年全国高校"活力团支部"称号。

## 服务同学　活力组织强运行

　　正所谓"没有规矩,不成方圆",一个好的制度是组织工作顺利开展的保障。在建立之初,团总支就主持制定了《民商法学院2014级团组织章程》,对年级团组织的工作宗旨、目标、对象、机构进行了详细说明,明确了各职位职责,规定了团组织生活、团内"评优"和"推优"的有关事项。

　　在章程的指导下,本着"高效分工、责任明确"的原则,团总支的工作分为组织和宣传两方面。其中组织方面实行"上分下合"的工作机制,"作为团支部干部,很重要的一点就是能够自主学习领会各种文件的内容精神和老师的指导要求,然后进行消化总结,最后归纳出便于同学们理解操作的通知发送到年级总群。"民商法

---

　　* 本文作者:韩雪征　程依

学院 2014 级团总支书记冯云皓介绍道。团总支组织委员需要负责对团组织生活的监督指导和团费收缴、团员证及资料保存等工作,全体支部组织委员根据工作的需要灵活调动分配任务。而宣传方面则实行委员全面分工制,将 11 位宣传委员分为综合事务委员、文字记者、图片记者和平面设计师四种职位,并明确了活动前期、后期、通知公告和新闻发布流程,制定了文字图片、微信、微博和学院网站的使用规范。

至于干部队伍方面,民商法学院 2014 级团支部建立并有效实施了基于职能的扁平化分工机制,总支委员会、支部联席会、团员大会等会议制度,团干成长课堂、团干素质拓展、干部述职考核等干部培训管理机制以及团组织生活项目负责制,把好了入口关、培养关和管理关,保证了总支工作的顺利开展。

"不管是完善制度章程,还是培育学生干部,我们最终的目的都是帮助同学们更好地学习与生活。"民商法学院 2014 级另一位团总支书记吴霞表示。"服务同学"是团支部工作的核心所在。为了达到"服务同学"这一最终目的,团总支还需要在理解文件精神后考虑什么样的活动开展形式能够更好地调动同学的兴趣,让更多的同学参与其中,实现活动开展的意义。"很多时候学校下发的文件都有具体的主题规定,因此,在团支部贯彻主题开展活动时,就需要寻找文件主题和同学兴趣的契合点,从而提高同学参与的积极性。"

## 寻优觅新　活力思维创工作

"道在日新,艺亦需日新,新者生机也。"徐悲鸿的这句话本是说明绘画创作需要变化创新,而对于团支部来说,工作开展想要富有生机与活力,也万万离不开创新思维。以宣传工作为例,民商法学院 2014 级团支部紧跟时代脚步,利用新媒体技术建立微信公众号"民商小绿"。与一般高校创立的功能较单一的公众号不同,"民商小绿"创造性地集新闻发布、好书推荐、天气查询、自习室查询、在校学习成绩与四六级成绩查询、信息收集、语言翻译和百科功能于一身,真正实现了全方位服务同学的目的。创立一年多以来,"民商小绿"总点击量达 19560 人次,有 8790 位微信用户曾接收或浏览"民商小绿"推送的信息。

只有打破固有形式的桎梏,才能绽放出最为绚丽的创新之花。谈及这两年来在团支部的工作,吴霞表示,自己最担心的莫过于辛苦筹办的活动无法吸引同学们的兴趣,出现参与者寥寥的情形。"而解决这一问题的良方便是发扬创新精神,打造不一样的团组织形式,不把每次的团活动或其他活动当成一种任务,而是以放松的心态来对待,把它看作一次增进同学感情的娱乐机会,想出好玩的、新颖的、大家愿意参与的活动形式。"吴霞说,在年级辅导员蒋莉老师的指导下,民商法学院2014级团支部打造了许多独创的品牌活动。

三下乡合影

　　活动的独创性彰显了团支部的创新与活力,而各活动的开展则对同学的健康成长起到了重要作用。举办"谁是我的天使"特色心理活动,每位同学都匿名关注其他班级的同学,而自身也是他人的关注对象,让所有人都能感受到不一样的关怀;仿照大型户

三下乡活动现场

外综合节目"Running Man"(奔跑吧兄弟),开展"Running Young"(奔跑吧年轻人)特色系列活动,活动内容涉及校园生活方方面面,从而全面提高同学的综合素质;首创"圆桌小绿"活动,组织同一地区的同学共话家乡风土人情,让异乡学子感受到家一样的温暖……这些活动不仅为同学们的大学生活增添了浓墨重彩的一笔,在增进同学之间的感情,增强集体凝聚力方面也功不可没。

　　当然,团支部创新活力还体现在其成员的创新思维与科研精神之中。在团支部的组织领导下,民商法学院2014级共有36个参赛组、141人参加大学生创新创业训练计划项目;18 个参赛组、90 人参加 2016 年"创青春"大学生创业大赛,其中"全民目击""人人都是艺术家"获得重庆赛区银奖;21 个参赛组、105 人参加重庆市第五届创新创业大赛,其中由纪翔、陆伟、吴霞等同学组成的"悦行"团队喜获重庆市总决赛二等奖。

## 百花齐放　活力协作争共赢

孙子曾说:"上下同欲者胜,同舟共济者赢。"如何在百舸争流中脱颖而出,扬帆远航?冯云皓给出了自己总结的答案——除了活动的创新,带队老师的创新思维和团队合作都非常重要。两位团总支表示,辅导员蒋莉在工作中给的点子很新颖、很有创造性,给他们带来高效有力的思想指导。吴霞回忆说:"'三下乡'能获得重庆市乃至全国的殊荣,跟辅导员有很大的关系,是老师带着我们一起实现的。'创青春'获得重庆市银奖、全国优秀奖,蒋莉老师作为这次活动的指导老师也有着不可忽视的功劳。"不仅如此,团队成员的共同努力也必不可少:宣传委员负责技术,团支书和组织委员负责事务,团员们则积极参与。从老师到团总支,从团支部到每个班的同学,由于大家的齐心协力和密切配合,才使活动得以顺利开展。

团支部会议

"三下乡"活动中,同学们自发组织了 49 个小分队,有一百多人因表现优异成绩突出获得校级先进个人荣誉,冯云皓更是获得了个人国家奖。"我觉得同学们都非常优秀,我们支部的战斗力非常强,这得益于日常对支部的建设和对党员的培养教育,如今的成绩是大家共同努力的结果。"蒋莉如是评价。

在团支部的建设和发展中,各个团员需要主动地参与,才能打造真正属于学生的团支部。"我们支部团组织生活的开展实行小组负责制,由各班同学组成承办小组,在监督指导下自主拟定活动形式和活动内容,轮流负责团组织生活的策划、准备、安排和进行。"吴霞说,团支部的历次"推优"及支部重大事项皆召开支部大会,进行民主投票表决;各支部皆建有 QQ 群、微信群、微博以便于信息交流和团员们的建言献策,网上团支部的开展更是提高了全员参与度。

"491 根蜡烛融聚一起,任他黑暗无边,也足以星火连天、照彻寰宇;491 条小溪汇聚一处,纵使山棱地合,也足以乘风破浪、一往无前;491 颗心灵通犀一点,共同融合成民商法学院 2014 级团总支。"蒋莉认为,"活力团支部"的荣誉称号不是给予某个人的奖励,而是对所有民商法学院 2014 级师生这两年来团结合作、严谨创新的团支部工作的肯定。问渠哪得清如许? 为有源头活水来。高效运行的管理体系,实践创新的思维方法,"为了同学、依靠同学"的工作方法,无一不像潺潺流淌的泉水,为团支部的建设注入新的活力。

# 西政"老"味道[*]

爱美食就是爱生活,不管是在平凡世界里忙碌的人们,还是在理想国里仰头看天的哲人,都将在美食的烟火气里找到在人间的踏实感,因为美食就是生活的投影。

每到周末,校园里总会有各种各样的"小集体"出动,相约去学校周边"觅食"。吃,一直以来都是校园生活的一个重要课题。那么,令西政人魂牵梦萦的味道是什么?这些令人垂涎欲滴的美食背后又有着怎样令人回味无穷的故事?接下来,让我们一起踏上独属于西政人的美食之旅,寻找那些根植在西政人记忆深处的"老"味道!

## 麻辣老火锅,麻辣西政人

"好吃街?噢,是西政老校区四号门吧?这个当然记得!"民商法学院 2000 级校友、重庆大学法学院副教授吴如巧毫不掩饰地笑了起来,那是脑海中曾经的美食记忆符号。

对于从全国各地奔赴西政求学的学子来说,适应麻辣咸香的口味是他们大学之路的第一个挑战,也是西政精神在他们身上打下的第一个烙印。

吴如巧回忆说,从安徽横跨湖北省踏上山城重庆这片热土后,他花费了很长一段时间才适应了这里的饮食。一次他去饭堂用餐,偶然点了一道回锅肉,便深深地爱上了这道菜。这道常见的重庆家庭小菜,一直被认为是川菜之首,其口味独特,色泽红亮,肥而不腻,入口浓香,是最好的下饭菜,川渝地区几乎家家户户都

---

* 本文作者:何龙英　王诗莹　黄逸豪　赵景慧

会制作。

和很多西政人一样，吴如巧也会时常和朋友一起到校外打平伙。那时，开业 10 多年的老坝子火锅便成了他们最爱光顾的地方。"老坝子火锅是老火锅，那种麻辣的感觉特别正宗。"吴如巧说。老火锅锅底是最麻最辣的，上锅、点火，不一会儿整个锅都沸腾着亮眼的红光。几个要好的朋友围坐在热气腾腾的锅炉前，筷

老坝子火锅　武新鑫/摄

子交错，互相吆喝着，夹起一块肉，蘸上麻辣的酱料，再配以冰冻的老山城啤酒，怎一个"爽"字了得！

西政学风也像火锅一样"海纳百川"，各种思想和观点在这里沸腾。西政学子思想敏锐，言辞犀利，烩就了一锅锅火辣辣的西政论辩文化大餐。吴如巧说，大学时代，他经常就时事或学术上的问题与老师、同学争得面红耳赤。西政校园里各种辩论赛更是这种精神的登峰造极——犀利的提问、尖锐的回击无不让人拍案叫绝。精彩绝伦的论辩就像让人直呼过瘾、欲罢不能的麻辣火锅。

不知是重庆热气腾腾的麻辣火锅成就了西政的论辩文化，还是西政本身就是重庆的一炉火锅，在思想的碰撞中，西政铸就了一批又一批不唯上、不唯书、独立自主的青年才俊，培育了一代又一代心系天下、有着论辩思维和革新之风的"麻辣西政人"。

# 新疆大盘鸡，拓荒西政人

2002 年，西政渝北校区正式投入使用，西政人在这片新的热土上重新创造自己的辉煌。万事开头难，创业初期，除了一两栋教学楼、宿舍楼等基本的建筑外，学校里黄沙漫天，建筑工地的施工夜以继日地进行着。学校周边更是荒凉，娱乐场所几乎不见踪影，就连吃饭聚餐的去处也只有零星的几家。

不过，正如图书馆馆长周文全所说："没有吃的，就找呗。"为了改善师生们的伙食，拉近大家的距离，学校曾组织大家在食堂包饺子、吃汤锅，过年的时候在餐

馆包场地吃流水席,很是热闹。尽管当时条件非常艰苦,但这种"自强不息、和衷共济"的西政精神就是西政人坚持下去的一股劲儿。

在这样的条件下,新疆大盘鸡应运而生。周馆长回忆道,新疆大盘鸡尽管出现得稍晚,但其以"物美价廉"的优势迅速俘获了广大学子的心。新疆大盘鸡成为那个时候最受学生欢迎的美食。

新疆大盘鸡,主要用料为鸡块和土豆块,配皮带面翻炒烹制而成。色彩鲜艳,鸡块爽滑麻辣,土豆软糯甜润,辣中带香,粗中有

新疆大盘鸡　武新鑫/摄

细,口感极佳,加之亲民的价格和饱腹有余的大分量,大盘鸡很快风靡整个校园,当时的西政甚至被戏称为"渝北大盘鸡专修学校"。

回忆起那段踩着黄泥,与朋友们结伴到校外啃鸡的时光,已毕业八年的校友、华西都市报记者崔燃笑着说:"我们这些穷学生,没什么油水,有肉的地方就是家。"2010年留校任职至今的周情是2003年考上西政的,她回忆道,大学四年间,已不记得吃了多少次大盘鸡。但她印象最深的是,每次出门,寝室的四个姑娘都要打扮得漂漂亮亮的,还手牵着手,认识的同学看到,问她们是不是去逛街,她们总会笑道:"不,去吃大盘鸡!"

大盘鸡和学校里的荒草、嘈杂的工地,一起成为了西政"拓荒"岁月的符号。"大盘鸡是西政的符号,西政学子对大盘鸡的喜爱融合着对那段岁月的怀念,更蕴含着对学校的热爱。"崔燃说道。对于很多西政拓荒人而言,大盘鸡,承载着的不只是他们四年的笑与泪,更是西政精神在他们身上的烙印。

## 多元美食,多元西政

在坚韧的西政人的努力下,渝北校区逐渐发展起来,教学设施日趋完善,办学规模也日益扩大,整个校园散发着蓬勃向上的精气神。

2007年,学校在教育部本科教学工作水平评估中获"优秀"成绩;2008年,学校成为教育部支持重庆市重点建设高校;2011年研究生顺利实现全搬迁,本硕博

一体一地办学;2012年,学校成为教育部与重庆市人民政府共建大学;2014年,人权教育与研究中心跻身国家级人文社科基地。与此同时,学校教学日益国际化,留学项目不断增多,校园里也多了许多外国学生的身影。

随着渝北校区的不断发展,学校周边也涌现了各种各样的美食铺子,以满足来自五湖四海的西政人的不同需求。每到晚上,学校北门对面的学林街就会热闹起来,空气中弥漫着诱人的食物香气,街头巷尾都是"嗷嗷待哺"的学生。他们或齐聚一桌,谈笑风生,等待着蔬菜与肉类在铁板上发出滋滋的声响;或手挽着手守候一笼包子出炉;或站在店铺前,虎视眈眈地盯着锅上的梅菜扣肉饼;或低头咬一口阿丁生煎,旋即露出心满意足的微笑……学林街上的美食紧跟着西政多元化的脚步。

周姐牛筋面,坐落在学林街一个毫不起眼的巷口里,店面虽然窄小,却分外热闹。周姐说,西政刚搬来时,他们还是校门口的流动摊档,如今西政告别了黄土高坡般的荒凉,他们也从街上走到了店里,可店里来来往往的还是那些老顾客——西政人。"他们有很多已经成家立业了,还带着孩子回来吃。"周姐笑呵呵地说道。然而,学林街也来了很多新客人。福记烧烤的老板"烧哥"说:"这几年,也有好多洋学生来我这里吃烧烤啊,西政越来越有国际范儿了!"

西政在日新月异地成长着,但是西政人的爱校情结却从未改变。管理学院2011级何伊清说,等她毕业以后,再次回想起大学的时光,食物的味道就是跟朋友们边唠嗑边吃东西的西政日子。食物因承载着西政人的青春与回忆而被赋予了新的生命,沉甸甸的,都是深厚的西政情。

时光荏苒,那些西政人曾经无比熟悉的味道经过时间的发酵变得更加醇香。它们像记忆的索引,轻而易举地就把他们带回那段年少轻狂的岁月。多少年来,一批批的西政人走了又来了,校外的美食少了又多了,人与食物的脚步都在匆匆向前,但唯一不变的,是独属青春的回忆,独属西政的印迹,而那在岁月里流转氤氲的西政"老"味道与代代相传的西政精神,无论走得有多远,都始终令人无法忘怀。

（本文原载于《西南政法大学报》2015年4月18日总第818期）

## 【友迹可循】

# 依托校友资源　突出品德塑造
# 强化职业教育　服务学生成长成才*

多年来,西南政法大学就业工作一直以职业发展教育为抓手、务实人才培养为核心、思想品质塑造为灵魂,加大组织领导,不断完善就业工作条件、提高就业工作水平、积极探索适合我校学科特色的职业规划与就业指导体系,走出了一条培养"讲政治、精实务"的高水平人才建设发展之路。

### 一、就业指导和职业规划教育全程化

西南政法大学职业发展教育体系是为贯彻落实中央关于"建立和完善高校毕业生就业服务体系"重要指示进行的积极探索,我们将职业规划融入大学4年的学习之中,实现学生大学四年职业发展教育的全程化服务,强调职业意识的建立、职业规划课程的建设、职业规划的个体咨询,建立起从大一职业意识的引导到大三、大四职业生涯规划的决策与执行、就业指导等一套完整的职业规划服务体系。

为加强对大学生的职业发展教育与就业指导,我校职业规划与就业指导教研室于2009年开始,面向全校学生开设了《大学生职业生涯规划》《大学生就业指导》等任选课程,课时由以前的20个增加到32个。从职业生涯设计与管理、择业心理、择业技巧、人生与就业等角度设计研究内容,全面完善就业指导工作体系和内容,促进了就业指导的"全程化、全员化、专业化和信息化"的建设。编印《大学生职业生涯规划自助手册》,开展大一入校起的职业规划教育,引导大学生建立合理的职业生涯目标。围绕职业规划、就业指导等方面,我校就业指导教研室工作

---

\* 本文作者:马丙合　王朝彬

人员积极开展理论研究,定期举行会谈交流活动,形成了《职业规划与就业指导》《西南政法大学学生工作论文集》等一系列研究成果,指导学校教师开展就业方面的教育。

深入开展队伍建设,积极开展队伍培训,加大培训投入力度,进一步建立和完善职业发展教育队伍培训制度。定期对相关工作人员开展业务培训与指导,选派就业工作人员赴各地进行培训。2010 年,我校组织对全校 100 余名学生工作者进行了国家二级职业指导师培训,2012 年组织高校职业规划课程 TTT 培训。2013 年和 2014 年组织两次高校教师职场必修课 UCC 培训,实现了全体辅导员老师全覆盖,进一步提高了职业规划指导、咨询和就业指导专业化水平,形成了一支经验丰富、知识和年龄结构合理的就业指导队伍,使就业指导工作日趋专业。

我校的职业发展教育,形成了以就业办牵头统筹、各学院分抓落实的良好局面,学校每年组织开展针对全校学生的职业生涯规划大赛,并安排心理学、管理学、社会学专业教师进行专项指导;建立专门的职业生涯咨询室,面向全校学生进行个体心理咨询,各学院成立职业生涯咨询室,根据各学院专业特点和实际情况开展职业生涯规划咨询,如我校法学院,全院共有 4 名全球职业规划师,每年投入专项资金用于职业生涯规划咨询和教师培训,针对法学院的实际情况建立起一套较完善的职业发展教育体系,学院就业工作取得显著效果。近年来,我校参加全市、全国职业生涯规划大赛,均取得很好的成绩。在 2011 年重庆市第二届大学生职业生涯规划大赛中,我校参赛的四名选手包揽全市前四名,在全国大学生职业生涯规划大赛中取得三等奖,2013 年重庆市模拟职场大赛中我校取得两个二等奖,2014 年重庆市第三届职业生涯规划大赛取得一个三等奖等,充分展现了我校大学生职业发展教育的水平和实力。

为加强大学生的就业能力,我校定期举办择业观及形势应对等数场大型讲座,举办公务员考试讲座、模拟公务员面试比赛、企业就业能力指导、大学生创业指导、基层论坛、考研论坛等活动 20 余场次。针对我校专业设置实际,定期举办西南律师论坛,帮助学生树立律师职业意识,提高执业技能。

关注弱势、个体指导,全方位帮扶就业困难学生。制定《西南政法大学关于对就业帮扶学生的援助方案》,关注就业困难毕业生就业。学校和华民慈善基金合作,专门对就业困难学生开展专项指导,召开专场就业心理、就业形势、简历制作及面试技巧等培训,提高就业困难学生就业能力;通过学校与学院配合,采用面对面、一对一的帮扶方式,进行专门的指导和服务,努力帮助他们提高综合素质、心理承受能力和就业竞争能力,转变其择业观念,并建立就业帮扶学生信息库,对该部分学生重点引导和鼓励他们到城乡基层就业,取得了良好的效果。同时发放了华民慈善基金就业困难专项援助 40 万、"肖丽玉"就业困难专项援助金 15 万元和"权亚"基金 5 万元,使全校 600 名就业困难学生从中受益。

以"就业服务周"活动为载体,开展了多种形式的服务活动。针对毕业生存在的问题我们进行了毕业生档案办理展板宣传及现场咨询,邀请校内外专家开展择业心理、择业技巧讲座、公务员面试交流、考研经验交流、企业界优秀校友论坛等方面共计 7 场活动或专业培训,激发大学生学习、成才的动力,引导大学生树立正确的成才观、择业观和就业观。

### 二、校友榜样效应常态化

校友是学校最宝贵的资源,也是在校学生学习的榜样。学生对校友的认同感强,校友先进事迹自然就形成一种感召。每年学校都会邀请各行各业的校友代表回校进行职业与人生、就业心理调适、就业能力提升、创业教育与指导等各类专题讲座与论坛,通过他们现身说法,帮助毕业生树立科学的择业观、提升就业能力、明确就业目标;编印《西南政法大学基层就业校友风采录》《西政人就业案例实录》《求职经验谈》等资料,宣传校友成功就业经验,传播校友优秀品质、弘扬西政精神;在学校组织的就业能力竞赛中,邀请校友担任评委或者嘉宾,对选手进行点评与指导;另外,从 2012 年开始,学校定期组织校友专场招聘会,先后为毕业生提供实习和就业岗位共计 2000 余个,有大批学生通过校友专场招聘活动实现了就业。

### 三、务实人才培养模式化

"严谨治学、求真务实"作为西政人重要的品质之一已经深深嵌入到西政文化中,伴随着就业形势的不断变化,西政也不断创新人才培养模式,赋予"严谨治学、求真务实"以新的内涵。

社会需要怎样的人才,以怎样的姿态去应对社会,自己能为社会做些什么,在校学生对这些问题的认识还存在一定的盲目性。以一个恰当的形象给予指导和引导就从某种层面弥补了这种缺失。积极推行院校合作、校企合作培养是我校进行务实人才培养的重要模式。我校有计划、有步骤地与重庆及全国各级就业局、法院、检察院、广播电台、律师事务所及各类公司企业合作建立了就业实习基地,定期安排不同年级、不同专业的学生赴实习基地学习和锻炼,并及时与单位沟通交流、反馈意见,以便制定出更有针对性的培养方案。通过院校合作、校企合作培养模式,实际上就打开了一扇窗,架起了一座桥,形成了一种良性的通道,弥补了学子对于人生、对于社会在认识上所存在的不足,建立起一整套完整的务实人才培养通道。

同时,我校先后与美国、法国、德国、日本、加拿大、韩国等国家和港、澳、台地区的20多所知名高校建立了校际交流合作关系。每年均选派各专业高年级学生赴加拿大、新加坡和韩国等国的高校进行交流学习,旨在开拓其国际视野、培养综合能力。这些培养模式的建立,不但建立起完整的务实人才培养体系,也极大地提高了学生的就业技能和就业水平,有力增强了毕业生就业竞争力。

**四、就业服务全国化**

2004年12月,学校在广州成立全国首个异地就业指导中心——西南政法大学广东就业指导中心,开创了全国异地就业指导服务中心的先河。

西南政法大学广东就业指导中心专设广东就业指导中心网站,专门收集广东地区的公务员招聘、企业招聘信息,并对广东就业学生提供公务员面试技巧、就业能力提升等相关培训。近三年来,广东异地就业指导中心在就业网上提供就业信息几万余条上万个职位,尤其为毕业生在广东求职提供了便捷的就业服务。目前该中心已成为学校毕业生在广东就业的重要桥梁,提升了学校在广东的形象,深受社会各界的好评。

基于首个异地就业指导服务中心在为毕业生就业方面取得的成绩和经验,值得在其他省市推广,形成全国范围的就业指导服务网络,继广东就业指导服务中心后,学校又在北京、福建、江苏、浙江、湖北、湖南等24省设立了异地就业指导服务中心,形成辐射全国的合理格局,不断完善异地就业指导服务中心的服务功能体系。事实证明,异地就业指导服务中心的正常运行降低了学校毕业生在异地的就业成本,为把优秀毕业生更系统更有效地推向异地就业市场发挥了积极的作用。

# 传播校友事迹　创新育人途径[*]

近年来,我校在育人方面不断探索,逐步确立了利用校友事迹教育在校大学生的工作思路。学校于 2006 年 12 月将学生自发组织的"校友事迹宣讲团"升格为"西南政法大学校友事迹传播中心",使之成为学校"校友事迹教育在校大学生"的主要载体,专门负责校友事迹教育在校大学生系列活动的组织实施,最终形成了以校友事迹教育在校大学生的育人体系。

## 一、育人体系的主要内容

### (一)把握时代脉搏,激发广大学生学先进当模范的意识

社会的发展,需要一批引领社会思想潮流的精神领袖,他们是道德伦理上的模范,是一种利他主义,更是一个社会发展脊梁的体现。近年来,在我校广大校友群体中相继涌现出一批在全国范围内产生强烈反响的先进典型:"全国公安系统一级英雄模范"芦振龙烈士,"全国模范检察官"刘邦闹,四川省高级人民法院"个人一等功"、绵阳市"优秀党员"李存玉,"全国模范检察干部"、"中国杰出青年卫士"陈军以及公安部一级英模赵化宇等,他们在本系统、本地区乃至全国范围内产生较大影响,这些校友往往都成了在校大学生中认同度较高的"英雄"。学校抓住时机,开展各种"时代先锋"的主题教育活动,以校友先进事迹教育在校学生,激发广大大学生的集体荣誉感和学先进当模范的意识,并利用这些鲜活的教材,在新生入学之初就以"校情校史展播"的形式进行教育,口口相传形成教育与自我教育的良好氛围,使学生真正感悟校友的成长之路,学到精神实质,从而激发自身追求进步,不断成人成才。据统计,"校情校史展播"活动自 2007 年举办以来,共有30000 余名学生受到教育,在学生中引起较大反响。

---

[*] 本文作者:张闻

（二）推崇学术至上，培养在校大学生扎实严谨的治学精神

为促进学生树立全面的学术观、坚定成才的信念、培养学生扎实而严谨的治学精神，自2007年校友事迹传播中心精品主题活动首期"西政会客厅"举办以来，先后邀请了高绍先、种明钊、常怡、徐静村、李昌麒等老一辈西政人、学术泰斗做客"西政会客厅"，以"聆听校友事迹，感悟百态人生"为主题，通过现场访谈的形式与在校大学生面对面接触。老一辈西政人、学术泰斗以高尚师德、人格魅力、学识风范及治学精神教育感染学生，做学生健康成长的指导者和引路人，并激发学生产生学习的内在需求和动力。"西政会客厅"活动由于形式新颖、内涵丰富、极具感染力，自举办以来，学生口口相传，场场爆满，参与热情高涨，在全校引起了巨大反响，不仅在学校营造了良好的学术交流氛围，更熏陶了在校大学生的学术观、坚定成才的信念及扎实严谨的治学精神。

（三）高唱主旋律，施行榜样教育，引导大学生发扬务实创新和敬业奉献的时代精神

我校始终坚持"一个校友就是一面旗帜，一个校友就是一尊榜样，一个校友就是一份资源"的观念，校友事迹传播中心通过"校友寻访活动"动员在校大学生利用寒暑假时间，充分挖掘校友资源，着重突出基层工作校友的工作风采，通过编辑及发行《西政人》《校友风采录》《基层就业校友风采》等报刊，定期举办"西部基层就业论坛"，邀请我校在基层工作的公务员、选调生、大学生村官、西部志愿者等优秀校友代表回校开展论坛讲座、座谈、互动交流等活动，进行现身说法，树立典型，很好地施行了"榜样教育"。据统计，《西政人》报从2006年创刊至今，共采访、报道了100多名基层工作校友；学校编撰的《基层就业校友风采》涵盖了村官、选调生、西部计划及三支一扶等近十余名基层校友的事迹；近年来基层校友每年受邀回校举办讲座、论坛30余次；近三年来我校毕业生中已有300余人参加国家和地方的基层项目，在重庆市高校中名列前茅。多年来我们正是用"身边人、身边事"这样的先进校友事迹的鲜活教材教育感召在校大学生，在学生中引起强烈反响，使毕业生充分理解国家政策并自觉将个人发展与国家发展紧密结合起来，牢固树立在基层工作岗位上发挥务实创新和敬业奉献的时代精神。

（四）唱响育才歌，开展实务教学，提升大学生社会实践能力

社会实践是大学生了解社会、走向社会的必修课，是培养能力、提高素质、完善人格的重要途径。校友事迹传播中心依托我校丰富的校友资源，促进学校教学水平提高，积极配合、辅助学校职能部门开展工作，邀请校友中的学术大家到学校担任兼职教授，将先进的教学方法，先进的学术理念，先进的理论知识，带回学校，

传授给学生,提高学校教学理论水平;邀请实务部门的校友,如著名律师、企业家等到校为学生做实务实践能力培训。据统计,近年来每年受邀回校开办学术交流和讲座的专家学者上百次。这些学界的精英对所在领域的最新动态、知识教育的重点、社会及岗位需要等方面有比较清晰的认识和了解,有助于学生较早地掌握前沿及社会热点问题,有助于促进学生就业能力的提高。此外,社团积极与各地校友会联系,在各地校友的帮助下设立了一大批就业实习和见习基地,促进大学生在实践中贴近社会、融入社会,提高社会适应能力。据统计,已具体实施的有中豪律所、贵州仙灵骨葆药业等十余家校友企业或者在校友企业建立教学实践基地,学生实习后可直接就业。

(五)弘扬反哺情,强化大学生感恩教育

大学生感恩教育是德育教育的重要内容,加强大学生感恩教育是新时期德育的必然要求。我校历年来高度重视对大学生感恩意识的培养,强化学生健全人格的塑造。近年来,王晓春、郭星亚、袁小彬、周世明等一大批校友在学校设立奖学金。为配合学校大力营造大学生感恩教育的文化环境,校友事迹传播中心通过一系列踏实有效的工作深入挖掘、打造校友"感恩事迹",在全校学生中加强宣传和指导,制造积极的舆论,塑造感恩的楷模,熏陶和激励在校大学生。经济法学院学生刘远魁因为家庭经济贫困,长期受到一名校友的资助。他在自己的笔记本上这样写道:"以前都是听到和见到别人受到资助,在这次自己经历后,才真正感悟到感动的个中滋味。心里有再多的触动,当物化为文字上时都远莫不及,受到的资助又岂止是物质上的,对我心灵的触及才是最为珍贵的。毕业后,我也要像校友那样关心帮助师弟师妹。"

通过对在校大学生感恩意识的培养,利用校友平台实施感恩教育,丰富了学校人才培养的模式,促进了学校大学生思想政治教育工作的开展,提升了思想政治教育工作的水平,取得了显著成效。

## 二、育人体系的特点

(一)打造校友事迹育人平台,成为学校第一教学课堂的有力辅助

通过着力找到与广大学生共鸣的亮点,以优秀的校友事例激发广大大学生的集体荣誉感和学先进当模范的意识,促进学校更好地进行德育教育,打造校友事迹育人的全新平台,并通过丰富的校友资源为学生创造多层次的展现平台和锻炼机会,提高学生综合素质,有力地增强学生的就业竞争力,丰富学校人才培养的模式,成为学校第一教学课堂的有力辅助。

(二)强化组合,形成四位一体相互促进的育人模式

实现了学生社团活动、校园文化培育、思想政治教育、学生就业能力提升的四位一体、相互促进的育人模式。通过社团活动将"校友事迹"与校园文化相结合,形成更有向心力的"校友资源文化",并将其与大学生思想政治教育和大学生综合素质提升有效融合,形成了更具感召力和实践性的育人模式,促进学生综合素质的全面提升。

(三)构建学习型社团,成为校园社团建设的典范

内引外联,搭建平台,校友事迹传播中心依托丰富的校友资源开展座谈会、交流会、报告会等活动,形成多元开放的学习系统,并将校友捐赠的图书搭建成"流动图书馆",在社团内部营造终身学习的理念和文化。开创多种学习途径,运用各种方法引进知识,激发人的潜能,提升人生价值,打造"学习型社团",创新社团长效发展机制和育人模式。近年来为学校培养了一大批优秀人才,在全校范围内形成了良好的口碑,成为学校社团建设的典范。

### 三、育人体系取得的效果和影响

2004 年 11 月 20 日,时任重庆市委书记黄镇东同志作出重要批示,充分肯定我校以"校友事迹教育在校大学生"这一做法。时任重庆市委副书记邢元敏同志要求全市各高校学习、借鉴这种做法。

2008 年,校友事迹传播中心"学英雄楷模　传校友精神"获全国高校校园文化建设二等奖,这是当年重庆市参赛高校获得的最高奖项。北京航空航天大学、江西财经大学、广东商学院等多所高校纷纷赴我校考察交流学习经验。

在学生中受益面广,效果显著。据统计,校友事迹传播中心的各项主题活动,共涉及三万余人次在校学生参与,学生反响热烈。如赵化宇等优秀校友事迹一经传播,大批学生受到感染与影响,开始自发组织以集中观看新闻报道、集体讨论、开展党团组织生活等形式学习校友的先进事迹,在感动中受到教育、激发成长,纷纷向党组织递交入党申请书,积极主动向党组织靠拢,申请入党的学生占到学生总人数的 80% 以上。同时,涌现出一批践行优秀校友精神的"感动校园——西政学子年度人物",成为我校持久而影响深远的活动,也形成了我校育人工作的一大特色和亮点。新华社、光明日报、中国教育报等多家新闻单位曾对此予以报道。

通过积极营造并倡导"思源、感恩、共荣"的校友文化,近年来不断涌现年轻校友反哺母校,如上海青年企业家协会理事、上海锦鸿文化传播有限公司董事长贺锦鸿楼,开创"锦鸿创业大讲堂",邀请众多知名创业人、企业家、国内外学者专家

进行各类讲座,与西政学子一起分享成功经验,打造创业人才培养和创业实践的沟通平台。

　　每年邀请基层就业的校友回校对在校生举办讲座和座谈会,进行现身说法,树立典型,并通过网站、报纸、宣传栏等形式向全校学生进行宣传,在学生中引起强烈反响,学生踊跃报名,积极落实了中央引导毕业生到基层就业的政策。据统计,我校近三年毕业生中已有 300 余人参加国家和地方的基层项目,在重庆市高校中名列前茅。

**【毓秀风光】**

# 酝酿西政文化的"坛子" *

## ——校园文化景观作用侧记

百年大计,教育为本。校园文化建设,是优良教育不可或缺的环节。校园文化建设,除精神、制度以外,还包括物质文化,校园文化景观是营造良好文化氛围的重要一笔。校党委副书记刘俊曾以"泡菜坛子"作比,他指出,泡菜的好坏很大程度上取决于泡菜坛里面的盐水,充分肯定了校园环境和文化氛围对学校的发展、学生的培育所起到的重要作用。近年来,我国众多高校已意识到校园文化建设的重要性,掀起了一波校园文化景观建设的热潮。我校也积极投入其中,不断完善文化景观建设,以求形成良好的校园文化氛围,展现一所政法高校的独特魅力。

## 底 蕴

打造一所好的大学,除了要有相应的师资力量,对学校建设规模也有一定要求。后勤与资产管理处处长王鉴辉说:"都说大学之大在于大师,但学校还应有供大师施展的大楼。"西政渝北校区始建于2000年,历经十几年的建设,从老校区的506亩地,到现如今新校区的3000余亩,可容纳近两万名学生。在"做强做大"的路途上,渝北校区"第三次创业"取得了傲人的成绩。在西政校园里,不得不提及的建筑便是图书馆了。图书馆采用半环式的建筑结构,横卧在学校南部,矗立在

---

* 本文作者:李欣语 赵景慧 王诗莹

毓秀湖畔,庄严肃穆。图书馆的魅力所在,当然不仅仅是其恢宏的建筑样式,更是一代代西政学子与"图书馆"所共同构造的西政情怀。

1979级校友、广东校友会会长王波表示:"我最怀念的就是学校的图书馆。当时我们读书只能在简易的工棚或者红砖房里,条件非常艰苦。虽说我们西南政法很小,但同学们学习都非常刻苦,争分夺秒。"管理学院副教授徐鹏说,每次进入图书馆便会被馆内的气氛所吸引,看到三四楼坐满了学生,心里很是慰藉。图书馆

图书馆　谢松辰/摄

是学校的灵魂,是一个校园最重要的文化景观,而西政的图书馆亦是如此。"师弟师妹的学习环境很好,让人羡慕。但我想一个大学最重要的还是要有一种精神,一种尊师重教、刻苦学习的氛围。"王波校友说。

从南边的宿舍楼到三教上课总要路过"神兽"——獬豸。相传,獬豸拥有很高的智慧,懂人言知人性。它怒目圆睁,能辨是非曲直,发现不法之徒,就用角把他触倒,然后吃下肚子。它是勇猛、公正的象征,也是"正大光明""清平公正"的代表。獬豸作为一种法律符号,应被每个西政学子铭记在心。法学院2012级学生卢子颖分享了她与獬豸一次奇妙的经历:"黄昏时,我拖着疲惫的身躯往寝室走,经过'神兽'时,发现夕阳如同被獬豸含在嘴中。"她静静矗立,凝望"神兽"与阳光恰到好处的光影交融,由衷感受到了作为一名法学学子、一名西政人应有的品质。

"神兽"虽然矗立不动,但是代代西政人传承着它所代表的正义品质行走在神州大地上,为这只古老的正义使者增添更浓厚的韵味。西政的目标是培育卓越的法律人才,对于营造符合办学目标的学校氛围,獬豸作为一个鲜明的符号起到了重要的点缀作用。獬豸双目朝天,眺望远方,默默守护着这一方土地,守护着西政的过去、现在和未来。

# 人　文

西政高考志愿宣传画册上配有一张从下往上拍的白色阶梯状广场图——奥

林匹亚音乐广场,这标志性建筑的宏伟庄重也成了很多学子对西政的第一印象。

奥林匹亚音乐广场位于我校北边一处地势较低的位置。坐落于"山城"重庆的西政平地甚少,但却为我们因地制宜开辟新天地提供了得天独厚的条件。奥林匹亚音乐广场因其风格神似罗马斗兽场,亦被同学们亲切地称为"罗马广场"。

罗马广场以其独特的建筑风格成为西政不容忽视的文化景观之一,也为同学们开展各类文娱活动以及畅聊学习提供了优良的场所。不管是校园十大歌手,还是啦啦操大赛,罗马广场都是天然的舞台,承载着一群群挥舞青春旗帜的年轻人的每一滴汗水、每一腔热血。每一次歌舞比赛,

罗马广场　刘大庆/摄

罗马广场的阶梯上总是站满了学生,"言之不足,歌之;歌之不足,舞之蹈之。"正因为学生的活力给这一方水土注入了新鲜的气息,罗马广场的"动"代表着每一位西政人明媚的青春,如同白日照耀整个穹顶,如同星宿点亮一片夜空。后勤与资产管理处环境绿化科科长李娜说:"学校内的建筑在考虑美观的同时,也充分考虑到了其实用性。"罗马广场证实了这一特点。新闻传播学院 2014 级学生宁心语也说:"一个好的校园景观设计,不能千篇一律、整齐划一。能够因地制宜,达到美丽和庄严的统一,并且能有较高的实用性,是我喜欢罗马广场的主要原因。"

"西政大峡谷"是校园里另一处别致的景观,也是师生娱乐休闲的好去处。如何充分利用大峡谷,学校经过科学论证,在做好绿化美化工作的同时,还对其进行了回填。王鉴辉处长介绍:"大峡谷回填之前最深的地方有 70 多米。预计回填之后便能和我们整个学校形成一片平坦之地,建成一个校级森林公园,包括水景森林等相应的文化景观。按照工程规划,大峡谷回填需要五年左右时间。十年树木,百年树人。整个校园的建设仍需要时间。"在逐年的建设中,西政的校园文化景观不断丰富,不断完善,更有许多美好的愿景值得我们去期待。

# 传　承

春天来了，樱花相继绽放。李娜科长告诉我们，学校里的樱花园来自于广东校友会的捐赠。"西政的校园文化景观建设大部分来自于校友，西政的校园文化，我认为，就是这种校友之间的传承吧。"

漫步在校园中，你会不经意地看到一些以年级命名的文化景观，比如七九香樟林、八零百花园、八一桂花苑、八四法学大道等，正如李娜提到的，这些景观均是校友们送给母校的礼物。

校友办主任王群介绍："目前渝北校区有17处景观来自校友的捐赠。"校友们还积极与学校相关部门联系，跟进捐建景观的后

王云倩/摄

期维护。"修建八闽园时，需要用大量的石头，加起来有十几吨，都是福建校友会组织人员一车一车从福建运过来的。"说起往事，王主任很是感慨。

"广东校友会这些年对母校做的捐助比较多，有钱出钱，有力出力，我们都是把学校当作家来热爱，希望师弟师妹们有更好的学习环境。"校友王波说，从事法律工作讲究一种高度的责任感，要特别的严谨，师弟师妹们只有传承了西政人特有的严谨务实的作风、刻苦钻研的学风，才能报效祖国，回馈社会；才能够推进民主法治建设，维护社会的公平正义；才能真正让西政成为一块金字招牌，成为法律界的黄埔军校。

"传承"，简单二字凝聚了目前校园文化建设所营造的氛围，也是每个西政人离开母校后所秉持的理念。王鉴辉处长说："校园文化建设代表着一个学校的品位，作为一所文科院校，我们要努力提高自己的品位。"苏霍姆林斯基曾经说："创

造良好的育人环境是教育过程中最微妙的领域之一。"在一个追求精神修养与自我提高的大学校园里,文化景观的存在似乎是微不足道的,然而正是这种微不足道,却在潜移默化中影响着学子们的性格乃至人格的形成。景观建设只是一种物质文化载体,而良好的物质文化载体则更利于良好精神文明的形成。王波校友在之后发来的短信中说:"西南政法,永远嘹亮的集结号。"我们正是要建立这样的校园文化,正如刘俊副书记所说:"我们要着力建设一批有代表性的、接地气的、鲜活的、典型的物质文化载体。"而我们作为学子所应该做的,就是用心去感受这样的文化,将其积淀到我们的灵魂里,共酿一坛饱含西政情怀的佳酿,以飨代代西政人!

秦悦航/摄

（本文原载于《西南政法大学报》2015年3月18日总第816期）

196

# 仲春,我们和雷锋在一起[*]

四苑垂柳径,毓秀落花津。初晴西政里,何处雷锋情。仲春时节,暖风携走雨中遗寒,我们迎来了第54个学雷锋纪念日。同时,今年的3月5日也是第18个中国青年志愿者服务日。雷锋精神是以雷锋名字命名、以其崇高品质为基本内涵、在实践中不断丰富和发展、为人们所敬仰和追求的精神文化。为弘扬雷锋精神,我校师生在校园内外开展了一系列"学雷锋"志愿服务活动。

## 法盛人和　普法进"网格"

桃花灿然,阳光温暖,3月3日上午,巴山夜雨广场聚集了一群前来咨询法律问题的居民。渝北区民主党派西政支部"学雷锋义务普法进网格"活动在此举行,学校民盟、民革、民建、民进西政支部4个民主党派支部17名师生走进宝圣湖街道,为当地群众义务普法、提供法律咨询,答疑解惑,化解矛盾。

支部成员曾兴华老师介绍道:"这次活动主要分为两个部分,一是街道的普法组织为民众普及宪法知识,通过问答形式与群众互动,答对者即可领取小礼品。二是由我校4个民主党派的师生代表以及八谦律师事务所合作开展的法律咨询。"群众大多询问一些关乎自己切身利益的问题,比如婚姻、家庭、学生等,西政的老师和法律专业的学生进行义务解答。活动以"德耀巴渝,志愿渝北"为主题,以关爱他人、关爱社会、关爱自然为主要内容,以社区为主阵地,弘扬"奉献、友爱、互助、进步"的志愿精神,营造"我为人人、人人为我"的良好社会风尚。

应用法学院研究生牟桐曾在检察院、法院实习,这是她第一次接触到如此生

---

[*] 本文作者:杨雅涵　程依　钟尧

活化的法律事务。法学生看起来十分简单的法律纠纷问题，在普通百姓眼里，却是很难接触到的专业知识。"来咨询的大多是老年人，问题大多关于劳务合同。我在本科时学过经济法的相关知识，能够给他们一些建议，比如怎样选择指导机构，收集哪方面的资料等。参与普法活动，对我而言，是一次难得的机会。"我校师生简明扼要的解答让居民获益匪浅。在居民的致谢声中，牟桐发自内心地觉得，法律就是这样一门能够实实在在帮助到他人的学科。赠人玫瑰，手留余香。这也是她选择法律道路的初衷之一。

将雷锋精神结合自己的法律专业知识注入公益中，尽自己所能帮助他人。法盛人和，这是每一个法律人的心愿。

## 焕然一新　涓滴汇成河

春芽出土，草坪里有着万物复苏的香气。正如雷锋所言："一朵鲜花打扮不出美丽的春天，众人先进才能够移山填海。"2 月 27 日下午，校青协 140 名志愿者来到图书馆草坪、岭南樱花园、八一桂苑、罗马广场，开展义务除草活动。"青春有你，护绿同行"的口号声随着春风飘扬。依照除草工人的示范，志愿者们戴上棉纱手套，仔细辨寻草皮中的杂草，将其连根拔起后整理成堆，放入垃圾袋集中处理。青色的草汁逐渐染透了手套，汗水也润湿了衣衫。需要除去的草杂乱而分散，草坪地势较低，志愿者们不出一会儿就腰酸背痛，不得不轮流休息。

"有一位年约 50 岁的园丁大叔，他一边拔草，一边微笑，像是很享受这样的春色和自己的工作。正在休息的我们看见他的模样，再也不愿叫苦喊累。拔草的两个多小时虽然很漫长，可是在完成工作、脱下手套的那一刻，我突然觉得春日的太阳十分温暖。"新闻传播学院 2016 级学生唐露如是说。也许，在来来往往的人群前，唐露和她的志愿者伙伴们感受到的那一份自豪，就是雷锋精神。

近期，校青协还围绕"学雷锋"主题组织了天高鸿苑市民学校活动、南北操场夜跑物品值守服务和财经志愿服务等一系列志愿服务。经济法学院学生丁晨曦说："以这样微小的善举带动校园的环保氛围、助人风气，是弘扬雷锋精神的良好途径。"

"温情三月五，弘扬雷锋志。"校学管委也从"涓滴之劳"出发，传承雷锋精神。

在扫净纸屑、落叶后，几位男生合力抬来灌满水的水桶，倒入洗衣粉。他们将拖把浸湿，一丝不苟地清洁起食堂门口的台阶、花台边缘的瓷砖等处，并捡拾出草丛下废弃的塑料瓶、纸巾等垃圾。其他同学则用抹布擦拭阅报栏的橱窗、楼梯的扶手栏杆以及几处路灯柱。金属的材质在擦拭之后变得明亮可鉴。校学管委负责人任思琪表示,此次清扫活动虽小不微,意在通过实践,传承当代互助奉献的雷锋精神,也使榜样的力量铭刻在每一位成员的心中。

## 星火燎原　望积善成德

管理学院 2016 级学生代思瑞和她的室友在雷锋日这一天早早地起床了,这时寝室还未通电,在一片漆黑之中,她们急忙出门。黎明的雾气还未散去,暖黄的路灯还未熄灭。而博学楼前,早有同学等候。管理学院 30 名青年志愿者手捧热气腾腾的早餐,为保洁人员、保安以及门卫送去温暖。本着"学习雷锋精神,服务身边最可爱的人"的宗旨,管理学院组织了这次名为"小火炬"的活动。

代思瑞的整个寝室都参加了此次活动。"我的一位室友,她是校青协的干事,我们通过她了解到这次的学雷锋活动。三月五日雷锋日,雷锋精神永流传,我们都希望在雷锋日,以这样温暖的方式表达对雷锋的尊敬和缅怀。"当同学们还在梦乡时,工作人员已经开始了一天辛苦的劳作,他们清扫校园内的垃圾,抢修着校园内的管道,默默为同学们的大学生活提供便利与保障。"直到今天,我才知道拂晓的校园有多寒冷,在他们感动之时,我们也如同他们工作时一般,默默离开,留下背影。我觉得这是当代雷锋精神的体现。"拿到早餐的工作人员一个劲儿地道谢,他们被小火炬的温暖感动,同学们也被他们的敬业精神感染。黎明的天空透出丝丝凉气,这仲春的小火炬,像是点点星火。就是这星星之火,却可以燎原。

莫以善小而不为,"在雷锋日做一件力所能及的好事",这是国际法学院学生会向全院学生发出的号召。一直热心于公益活动的张晓茜同学在寝室楼梯口垃圾桶旁贴上提醒的纸条,呼吁同学们把玻璃等尖利的垃圾用胶带和报纸包起来,爱护清洁阿姨的手。"从小事出发,将雷锋精神付诸实践,更好地传承与发扬雷锋精神。"活动的发起者陈柚霖同学这样说道。从在雷锋日做一件好事开始,到日日行善,积善成德。

春色宜人淡复浓,雷锋精神校园红。仲春的太阳还不太暖和,可是一片晴天增加了大家心中与身上的热力。春雨润物细无声,雷锋亦是如此。这是一个春风化雨的过程,这些精神在每个时期都需要,我们应该将其延伸下去,把每一天都当作雷锋日。莫负好春景,学习雷锋正其时。不忘这个仲春,这个校园,这些"雷锋"。仲春,我们和雷锋一起。

（本文原载于《西南政法大学报》2017 年 3 月 18 日总第 852 期）

# 04

## 重法篇

法府西政，唯法为尊。建校至今，西政的重法文化已经深深镌刻在校园的方方面面。敬重法学前辈，推崇法治精神，革新法学教育，探索法理新论。从课堂到校外，从教授到学子，尊法重法的文化风气，不仅是西政的追求目标，更成为西政人深入骨髓的生活习惯和价值追求。

【献替法治】

# 为良法善治不懈耕耘[*]

## ——记重庆市地方立法研究协同创新中心

法律是治国之重器,良法是善治之前提。随着我国改革开放的深入推进和经济社会的持续发展,地方立法在地方发展和国家法治方面起到支撑性作用。为响应"高等学校创新能力提升计划",基于对地方立法战略的高瞻远瞩,2013 年 4 月,我校以地方立法研究院为基础,与重庆市人大常委会、重庆市人民政府法制办公室、重庆市发展和改革委员会等机构,创立了"重庆市地方立法研究协同创新中心"(以下简称"中心")。中心立足重庆,面向全国,以人才、学科、科研三位一体的创新能力提升为核心,充分利用学校已有的基础,汇聚社会多方资源,在立法理论、立法起草、立法评估、社会调查研究等方面脚踏实地、稳扎稳打,为服务地方法治和中国法治建设不懈努力,取得了累累硕果。

## 深入地方　辛勤耕耘

从 2013 年起,中心作为第三方机构为地方立法建言献策,作出了突出贡献。2013 年,中心接受重庆市人大常委会的委托,对 195 件重庆市现行地方性法规进行全面清理,形成了七组共 195 个单项法规清理报告,提出了相应的立法建议,得到了重庆市人大及全国人大的充分肯定。2013 年,中心对 176 件重庆市现行政府规章进行全面清理,完成了 100 多万字的《重庆市政府规章清理总报告》。重庆市

---

[*] 本文作者:伍明　田媛媛

政府及国务院法制办对这些成果予以高度评价。2013 年,中心接受重庆市人大常委会的委托,对重庆市涉及企业发展法制环境的 789 件规范性文件进行评估,共撰写 747 份单项评估报告单,共计 90 多万字。2014 年,中心受重庆市政府的委托,对重庆市现有行政权力进行全面清理,建构政府权力清单。2015 年,中心接受重庆市人大常委会的委托,起草《重庆市行政程序条例》(专家建议稿),探索第三方立法起草机制。2015 年以来,中心逐步从市内走向市外,深度参与深圳前海、珠海市、安顺市、巴中市等的立法活动,提出立法建议和法规修改意见,起草法规草案并对相关立法提出论证报告。

除了立法起草之外,中心还接受全国人大常委会、重庆市人大常委会及各省市立法机关委托,对其起草的法律案、修正案提供立法意见征询与咨询 40 余件。与此同时,中心开发了地方法治评估指标体系,并已经逐步开展对各个省市地方立法的评估工作。

"地方立法研究协同创新中心的创立是学校对国家法治建设和地方立法需求的积极回应。"谈及创建中心的初衷,中心执行主任周祖成教授表示,立法法修改后,国家全面赋予设区的市以立法权,新获得地方立法权的 271 个设区的市、自治州、不设区的地级市,均急需高校的智力支持。故中心以人才培养、理论研究和社会服务的互融互通为基础,通过深度参与地方立法过程和体制机制创新,以现实问题为导向,汇集创新资源,凝练研究主题,组织集体攻关,不断提升科研创新能力,培养拔尖人才。"我们一方面协同地方立法机构,另一方面协同全国各地的地方立法服务和研究机构,在全面开展地方立法评估的同时,积极开展专题立法调查和研究,举办专题研讨会,形成在全国具有一定影响力和知名度的地方立法评估和研究高地。在学校相关部门和中心主任付子堂教授的指导下,我们已经制定了发展规划,明确了工作重点,并且正稳步推进。"

## 扎根科研　夯实基础

近年来,中心科研成果丰硕,学术影响力不断提升。其中,主要团队成员在《中国社会科学》《中国法学》《法学研究》三大权威期刊发表《地方法治建设及其评估机制探析》《地方法治试验的动力机制与制度前景》等 7 篇高质量论文,在 CSSCI 收录刊物发表论文 60 多篇,出版专著 34 部,获准国家社科基金项目和省部级项目 20 项,完成与立法主题相关的学位论文 208 篇。与此同时,中心还支持学校培养硕士和博士,指导地方立法方面的研究,撰写地方立法方面的学术论文和毕业论文 200 多篇,支持学科社会调查和研究项目 100 多项。

在高尖人才培育方面,中心亦取得突出成果。中心主任校长付子堂教授入选 2014 年国家百千万人才工程,并被授予"有突出贡献中青年专家"荣誉称号;中心副主任周尚君教授被选拔加入重庆市青年拔尖人才培养计划。

在研发地方立法数据库方面,中心致力于建设我国最完整的地方立法数据库。目前,基础立法数据的收集编撰已经完成,硬件设备基本配齐,数据库软件正处于积极开发中。数据库系统分为两类:一类是对外开放的数据库系统,主要包括可以公开的法律规范文本;另一类是不对外开放的数据库系统,这一系统除了有可以公开的法律规范文本外,还包括立法调查数据、立法意见征询数据等。

# 履行职能 服务社会

于 2013 年 4 月升级组建的地方立法研究协同创新中心,在辅助地方法制建设方面卓有成效。

事实上,我校地方立法和法治研究一直走在全国前列。早在 1999 年 5 月,我校就成立了西部法制研究中心;2004 年 6 月,地方法制研究中心正式成立,领先于广东、浙江等地。2011 年 12 月,我校成立地方立法研究院;2013 年 7 月,在国家推进 2011 计划期间,中心被批准为第二批"重庆市 2011 协同创新中心";2014 年 12 月,中心被市教委正式批准为"择优支持的协同创新中心";同时,中心还是重庆市迄今为止唯一一个文科类的协同中心。

于学校而言,中心不仅是一所承担着地方立法研究重任的协同中心,更是学校积极履行高校四大职能的切实行动与具体表现。高等学校具有人才培养、科学研究、社会服务和文化传承创新四大职能,履行这四大职能,是每一所高校都应当思索并为之努力的方向。在科研与文化传承创新方面,西政与中心相互促进,协同发展,向社会做出了令人满意的答复。而于人才培养来说,中心让西政的法制未来前景更加光明。

在创新人才培养方面,中心通过理论与实践部门的协同,在承担重庆市协同立法起草、调研、评估项目中,共吸收了 2000 余名硕士、博士研究生参与项目调查研究,由中心参与项目的研究员担任学生的指导老师,训练学生的立法实务能力。关于硕士与博士的培养模式,中心主任付子堂表示,中心采取的是一年常规教学、一年校内理论实务对接、一年校外实务操作实习的"1＋1＋1"模式,而在课程设置上,由协同单位共同开发协同培养课程。

　　为培养学生的立法实务能力,提升学生的创新能力,中心还与团市委一起启动立法志愿者项目,与教育部西南基础教育课程研究中心协同合作,配合市教委共同开发了重庆市中小学《法治》课程,对重庆市中小学生进行法治启蒙。这些努力,不仅是中心在为重庆市地方法治建设作出贡献,也是在提供社会服务方面迈出了更为坚实的一步。

　　依法治国,是社会文明进步的显著标志,也是国家长治久安的重要保障。1999年,《宪法修正案》把"依法治国,建设社会主义法治国家"作为国家的根本任务和目标确立下来。直到今天,党和国家以及广大人民群众仍旧在为实现这个伟大的目标而不懈努力。从市内走向市外、从地方走向全国、从立法逐步辐射从而全面推进依法治国,中心的每一步都走得坚定而稳健。于中心而言,取得累累硕果只是新的起点,展望未来,等待中心的,是新的期待、新的奋斗和新的成就。

（原载于《西南政法大学报》2016 年 10 月 18 日　总第 844 期）

# 西南政法：为法治化建设倾智献力<sup>*</sup>

血站如何采供血？血库如何存血？献血有哪些流程？……带着一系列疑问，应用法学院卢荣荣老师来到血站参与献血。原来，2013 年 6 月，学校受市人大、市政府委托，开始以第三方的身份清理现行地方性法规和政府规章。而卢老师则参与清理献血条例，为了深入了解实情、摸清献血流程，她亲自体验了一把。

## 三方合力　助推依法治市

众所周知，地方性立法是地方特色经济发展的法治保障，对于现代性制度转型和创新而言，意义重大。重庆直辖以来，在地方立法工作方面取得了令人瞩目的成绩。历届市人大及其常委会积极推进地方立法，市政府也制定了大量的政府规章，为社会发展提供了有力的法治保障，作出了卓有成效的贡献。

然而，正如重庆市人大常委会主任张轩所言："我市有的法规与改革发展形势不相适应，可执行性不强，而有的法规与同位法或者上位法相抵触。另一方面，党的十八大和十八届三中全会对地方性立法提出了更高要求。"这些原因都使得地方性法规及政府规章清理势在必行。

此次清理工作组织有序、工作机制高效、清理成效显著，其中的亮点，无疑是大胆地引入了第三方机构，实行委托清理。学校受重庆市人大和市政府的委托，对重庆市直辖以来现行的 195 件法规和 176 部政府规章进行了全面清理。行政法学院院长谭宗泽说："这是重庆市人大和市政府的一次大胆尝试和有益探索，开全国之先，是深入推进依法治市、加快建设法治重庆以及推动地方法制统一的充

---

＊ 本文作者：陈舒献

分体现。"

法规规章清理目的明确,定位高端,从源头出发为科学编制"五年立法规划"提供可靠依据,为进一步推进开门立法、科学立法、民主立法奠定坚实基础,可谓各方受益,成绩卓著。也正是这种全面的地毯式清理,让许多不足之处渐渐浮出水面。

针对在清理过程中发现的问题,各位专家学者纷纷建言献策,为提高立法质量、发挥地方立法作用提供宝贵建议。其中,建立法规清理工作的长效机制受到一致提倡。经济法学院教授江帆解释道:"地方性法规具有更强的灵活性和时效性,只有设立专门机构定期开展法规清理工作,进行及时清理,才能适应目前中国经济发展的动态属性,增强依法治市的权威性和有效性。"

## 师生蓄力　肩负清理重任

此番委托清理对于学校而言,既是荣誉又是考验。在市人大和市政府领导的悉心指导下,在全校师生的共同努力中,学校不负众望,于今年2月顺利完成使命,上交了一份满意的答卷。

在这次清理工作中,学校严格按照合法性、合理性、协调性、执行性、实效性、规范性等标准,尽职尽责完成清理工作,为推进地方法治建设贡献力量。"学校前后有500余名师生参加了清理工作,开展调研2200余人次,组织106批次师生到市人大、市政府法制办查阅档案,安排250批次师生到40余个相关部门调研。"科研处处长徐泉介绍说,"这次清理工作的参与者以中青年教师为主,同时吸收部分优秀的硕士生和博士生,分组剖析,组织有序。"除此之外还整合动员了重庆市多所兄弟院校近200名专家学者共同参与清理。

从最初的投石问路、放手一搏到后来的建立清理模板、形成科学机制,从校内师生反复磋商形成初步报告,到历经市人大及市政府专家层层审核最终定稿,徐处长表示:"此次法规及规章清理规模空前,市人大、市政府和学校都高度重视。相关领导多次莅临我校,会诊商讨,指导解决疑难问题,并逐步形成统一的认识和标准。"学校将清理工作划分为五个阶段,力求通过定量与定性相结合的方法尽可能准确、全面、系统地反映法规和规章的客观状况,为法规和规章的立、并、废、改提供比较客观的依据。

清理工作历时半年,历经酷暑与严寒,为了凝结出一份严谨科学、具体细化、对未来地方立法有切实帮助的报告,收集调研材料近千份,提交十余册法规和规章清理报告,总字数高达 250 余万字。参与清理的老师齐心协力,加班加点,夜以继日,有人不顾怀孕行动不便而四处奔波、开展调研,有人强忍发烧后的身体不适而坚持伏案查阅资料,有人外出讲课仍然不落下丝毫工作进度。全校师生不遗余力地完成了任务,校党委书记张国林说:"正是有了众多的西政人才铸就了这份沉甸甸的报告,完成了这份光荣而又神圣的使命!"

## 法律实践　开辟发展新途径

由被动等待到主动清理,变专项清理为全面清理,从自主清理到委托清理,此次法规规章清理工作以全新的面貌开辟了科学民主立法的新途径,成为法治重庆建设道路上又一座里程碑。另一方面,也展现了西政雄厚的科研实力与良好的学术声誉,显示出学校协同创新、服务社会的理念。

校党委书记张国林认为:"清理工作是市人大和市政府对我校办学实力与水平的高度信任,也是贯彻落实党的十八大和十八届三中全会精神的重要举措,是推进法治中国的深度实践,是高校服务社会经济发展的重大创举。"

正如张国林书记所言,虽然本次法规规章清理工作已经结束,但是我们追求法治的脚步不会停下,高校服务经济社会发展的征途只有进行时。培养人才、服务社会正是高校的职责所在,这次对法规及规章的清理工作,不仅使学校与社会接轨,发挥所长,为推动社会法治化注入自己的能量,也让学校老师的知识储备得以充实、实践能力得到锻炼,从而能以具有前瞻性的论点、更丰富的经验致力于教书育人的百年大计。

的确,法规清理作为法律实践活动的重要内容,为我校培养理论与实践相结合的高素质法律人才提供了重要平台。江帆教授自始至终参与了清理工作,他表示:"此次清理工作使我们教师对地方性立法的实践活动有了更为全面、系统、直观和深入的了解。不仅丰富了我们的教学资源,也对我校人才培养模式改革提供了重要启示。"

本次清理涉及的法律依据纷繁复杂,除一般法外,还涉及被清理规章的直接上位法,同位阶的部门规章和其他地方规章。这对清理负责人的法学理论功底和专业水平都具有非常高的要求。规章清理项目组组长之一、谭宗泽院长认为,大部分教师展现了实力,经受住了考验,但其中也显现出部分老师的法律知识储备有待提高,解决实际问题的能力尚有不足。

　　"时间紧,任务重。"这是徐泉处长的真实感受,他表示,各位老师顶住压力,圆满完成任务,让他非常感动。另一方面,学校在这次法规及规章清理中借助学术研究并超越其上,在充分发挥法学优势的同时也收获很多启发:"社会发展的方方面面都离不开法律的规范,我们老师以前在学术研究中,往往更注重于宏观层面,更关注上位法,不够接地气。这次清理工作让他们将法学研究与法学实践紧密结合,有助于他们真正体会到中国法治最基层的一面。"

　　　　　　　　（原载于《西南政法大学报》2014 年 2 月 28 日 总第 799 期）

【集智于囊】

# 新型智库 奋勇向前<sup>*</sup>

## ——首批法治研究基地中国—东盟法律研究中心侧记

在中办、国办 2015 年 1 月印发的《关于加强中国特色新型智库建设的意见》中,中央提出了建设中国特色新型智库的总体目标。一年多来,中国法学会采取多种举措,切实推进新型智库建设,着力发挥智库作用。2016 年 3 月 1 日上午,中国法学会法治研究基地建设发展座谈会在北京召开。会上,西南政法大学中国 – 东盟法律研究中心(以下简称"中心")等六家科研机构被中国法学会认定为首批"中国法学会法治研究基地",成为服务国家战略和地方经济建设的新型智库之一。

## 核心定位:建设服务于国家法治的新型智库

2013 年底,中国法学会新一届领导班子确立了将中国法学会建设成为国家法治建设领域核心智库的新目标,为了加强智库群建设,中国法学会提出了以研究会为基本力量,研究基地为重要补充的智库群建设目标。

在中国法学会的号召与支持下,早在 2015 年 5 月中国 – 东盟法律研究中心理事会暨加强对东盟法律交流协调会议上,就提出要发力打造核心智库。同时中国法学会外联部主任、中国 – 东盟法律研究中心副理事长谷昭民在会上提出,"中心"要成为中国法学会核心智库组成部分就必须充分依托和利用好西南政法大学

---

\* 本文作者:陈灿　夏成庆　沙俊扬

办学优势,做好东盟国家青年法律人才培养工作;推动法律服务走出去,做好法律交流与传播工作,同时要求"中心"注重整合国内外法律资源,积极争取各方面支持,建成本地区最权威、最具影响力的创新型法律智库。

国际法学院副院长裴普说,在3月2日的挂牌仪式上,中国法学会会长王乐泉、党组书记陈冀平及众多中国法学会会员均参会,足见中国法学会对六个基地的厚望,即督促六个基地不仅在学术研究领域上取得成就,更是要培育我国法学方面的智库,为国家战略和地方经济建设提供智力支撑。"所以我们要把'中心'建设成人才培养、学术科学研究、国家战略和地方经济建设的智囊,成为服务于国家法治的新型智库。"

## 彰显优势:独具东盟特色的研究基地

作为首批"中国法学会法治研究基地","中心"有着独特的优势。2010年,中国东盟自由贸易区启动,为了便于与东盟国家进行法治对接,在重庆市政府的支持下,国际法学院应运而生,其主要研究对象即为东盟。同时,中国法学会外联部为了更好地进行法律外交工作,2012年正式将中国–东盟法律研究中心落户于国际法学院。随后,我校又成立中国东盟高端人才培养基地,即把"中心"对外法律交流的合作项目拓展到人才培养的领域。近年来,在中国法学会的支持下,学校开展了许多积极有效的工作,除开展两届中国东盟法律论坛外,还举办了多届短期法律培训班,并将其逐步发展为学历班,招收东盟国家的留学生。"培训规模自2014年起成型,形成有建制的'1+4培养模式'。从2012年开始,招收来自老挝、越南、缅甸、柬埔寨等多个东盟国家的学生,攻读硕士、博士学位,其中已经有多位学生取得文凭。"裴普说。

"学术底蕴、地缘优势、战略契合,共同构成了研究基地的强大优势。"裴普介绍,首先,依靠高水平的学术研究成果以及在法学界的影响力,西政无论是在实力还是在声誉上都得到了社会各界的肯定;其次,西政位于重庆,地处西南地区,区位临近东盟国家,可以充分发挥区位优势服务国家战略;最后,中国与东盟重要成员新加坡之间的第三个政府间合作项目——中新(重庆)战略性互联互通示范项目落户两江新区,而西政恰好处于两江新区的辖区范围,能够更好地契合国家战略进行项目交流。"东盟作为我国周边重要的区域一体化组织,是我国所倡导的'一带一路'战略方针的重要合作伙伴。将中国–东盟法律研究中心确立为中国法学会法治研究基地,既有力地支撑了我校国际化战略,又能更好地服务于国家战略及地方经济建设。"

"拓展学校平台,让西政朝着国际化方向发展,使得各类项目可以吸引更多优秀的留学生,从而共同合作取得更多科研成果,壮大西政的科研队伍,提高西政科研的水平和质量。""中心"罗嫒嫒老师如是说。

## 展望未来:实现多方位全面发展

未来三年,"中心"提出了相关规划。2016 年,将着眼于中国与东盟国家海洋争端问题与会议中心建设,开设东盟青年法治人才硕博士学位班及国别高端法律人才培养项目,根据合作机构组织需求,开设针对高级官员及有影响力人才的学位班;2017 年将放眼于中国—新加坡(重庆)战略性互联互通示范项目中的法律问题研究,重视项目中心建设,并依靠办学优势实施中国—东盟"双法(中国法与东盟国家法)双语(英语和小语种)"培养计划,培养复合型、能力型、创新型人才;2018 年,将重视在研究资源上,建成"独特"专业数据库,加强人员交流中心建设。

"中心"汪颖老师介绍,目前研究中心内部的工作内容仍然以对外交流为主,即与东盟十个国家的高校、政府机构和律所等寻求相互的交流和合作项目,其中包括一些政府间的科研项目及各个国家法学专业人员间的培训项目。在律所同样也设立了有关实习基地,并安排了专门的导师进行指导。而且,在研究中心内参与实习或工作的每个人在本科或者硕士研究生阶段都需要学习相对应的外语,以保证工作的严谨性与专业性。"我们会定期举行活动,例如每年我们都会举办高端法律人才培训活动,经过当地推荐将从东盟国家司法部、最高法院等部门接收 20 个人来我校参与培训。"她表示,诸如此类的大型交流项目能邀请到众多校内学子广泛参与。目前,为了加强中外学生的交流,"中心"还开设了同名微信公众号平台,以新媒体平台方式面向校内征集志愿者,通过零距离接触促进中外学生交流,展现西政学子热情好客的良好形象。

"作为政法类大学,西政目前虽然专业很强,但在专业多元化方面不如综合类大学,与欧美国家的学校相比也明显缺乏竞争力,国际化发展水平还远远不够,希望能通过中国 – 东盟法律研究中心这个项目,提高西政的层次、声誉及国际影响力,把西政打造为一个能在东盟国家代表政法界的形象。""中心"李冬梅老师如是说。

　　展望未来,放眼前方。于西政而言,"法治研究基地"不仅仅只是一个简单的符号,它更寓意着在法治研究这条路上道阻且长,虽前路漫漫,但仍需展望未来,奋勇向前,挖掘潜力,为中国特色新型智库建设贡献力量。

　　　　　　　　　(原载于《西南政法大学报》2016 年 3 月 31 日 总第 835 期)

【法府一叶】

# 法以律己  文以修身*

## ——"西南政法大学中国法文化研究传播中心"发展侧记

文化可以很幽默,文化可以很温暖。法文化不是刻板冰冷的法律条文,而是以中华法的"文",去"化"普天下的人。

中华法文化的"文",包括古往今来的法律文本,以及其中蕴含的原则、价值和精神;中华法文化的"化",是要用这个"文"去影响人、感染人、打动人,从而潜移默化到老百姓的法律生活之中。

西南政法大学中国法文化研究传播中心数年如一日,以故事阐明法律、以法律传递文化、以文化感化人心,跨出校园课堂、融入电视荧屏、走进千家万户,将法文化更好地"化"入构建和谐社会、法治文明的进程之中。

## 人无我有,助推西政"双一流"

现在全中国开设法学专业的院校有700多所,从事法文化传播事业的却独此一家。中国法文化研究传播中心是中国第一个以研究为基础、以传播为宗旨的专门机构,由西南政法大学与中央电视台社会与法频道(CCTV－12)于2013年共建。

"法学研究是小众的,但法文化成果的分享则必须是大众的。只有将法律应有的精神价值和理念传播给更多的人,法治建设才能有实质性的进步。"中心执行

---

*  本文作者:张宇

主任龙大轩教授说,"然而当前的现状是:从事法学研究者众,从事法文化传播者稀,大多数研究者停留在'阳春白雪'的境界,看似高雅,普通民众却无法享受到福荫。中心愿意担当沟通大众与小众的'冰人'。"

国家"双一流"建设总体方案要求"传承创新优秀文化""着力推进成果转化",具体到中华法治文化,则要处理好"雅"与"用"的融合发展、"知"与"行"的对立统一、"虚"与"实"的有机结合,着力提高法文化科研成果对司法实践的贡献率,而这正是中国法文化研究传播中心的"独门秘技"。

中心成员现已涌现三位《法律讲堂》主讲专家(龙大轩、刘云生、秦涛),在央视录制并播出法文化节目近200集。中心执行主任龙大轩教授也因此荣获"首届重庆市十大法治人物"称号。"睿思以究法理,妙语而传文化。"中心秉承此理念继续努力,在全国法学界做到"人无我有",必将为西政的"双一流"建设增砖添瓦。

# 以文育人,开创法文化教学"新常态"

不愿意选修法律史课程,"觉得枯燥无趣、毫不实用",这是法学院校普遍存在的"旧常态";"不愿赖床迟到,生怕错过一秒",这是中心成员努力开创的法文化教学"新常态"。

法文化传播,起点是课堂。所以中心成员锤炼和提升教学艺术,寓知识性、趣味性、理论性于一体,创造了"礼-刑、法-律、礼法、法治"的"八字法制史教学法""川、普双语教学法"等独特的教学内容和方法,每堂课都能在循循善诱、欢声笑语中让学生领会到法文化的精髓。此外,中心还录制了《中国法制史》视频,并被评为国家级第五批精品视频公开课,点击率高达数万次,打破了大学的围墙,让更多的社会公众领略课堂上的名师风采。

课堂之外,中心针对本科生、硕士生、博士生的不同特点,量身打造了对口的培育方案。在本科生中,中心发起成立学生社团"中华法文化学习研究会",开展"法字方阵"法治文化电视大赛,并通过央视"微视"进行网络直播,网络互动达8万余人,以"寓教于乐"的形式传播了法文化;在硕士生中,中心发起成立"知远读书会",以研读法律史料与法学经典为内容,至今已开展学术沙龙、读书活动共五季30多期;在博士生中,中心培养并推荐梁健、秦涛、邓长春、曹勤等优秀人才赴央视《法律讲堂》录制节目,其中秦涛已成为全国首位《法律讲堂》的学生主讲人,也是央视讲堂最年轻的主讲人。

科研是教学之本。中心成员在 2015 年和 2016 年上半年共发表文章 80 余篇，并获得 2013 年国家社科基金重点项目《重新认识中华法系》立项。

以文育人，通过中心的不懈努力，法文化教学正逐渐步入"新常态"。

# 化成天下，用理论服务于社会

现代大学的基本功能之一，是反哺社会。中心以理论服务社会实践，通过现代新媒体的传播功能，影响力已经及于海内外。

中国法文化研究传播中心整合校内优势资源，联合各法学学科和司法实务机关，成立"法文化研究传播协同创新团队"，下设传统法文化、社会主义法治文化、中西法文化比较、民事法文化、刑事法文化、司法文化六个分团队，团队成员分赴重庆、台北、河南、广东、广西、贵州、四川、福建、湖南、江西、甘肃、宁夏等地，宣讲中华法文化 200 余场次，并和重庆、四川、云南等地的党政司法机关共建法文化示范基地。充分发挥理论研究服务于社会的功能，共同参与构建法文化生态。

中心传播法文化的事迹，得到海内外媒体的强烈关注。人民网、新华网、《中华读书报》、《兰州晨报》、《重庆日报》、《重庆晚报》、台湾省《旺报》、马来西亚《星洲日报》等媒体争相报道，中心成员的法文化著作在大陆、台湾均已出版，中心录制的《中华法文化》（第一季、第二季）《儒家法文化探秘》《诸葛亮之道》等系列视频在 YouTube 等国外视频网站上点击率超过数十万，在海外华裔中引起了强烈反响。目前中心正在与国外的孔子学院联系合作，让世界领略中华法文化的魅力。

党的十八届四中全会决定中指出，法治建设将遵循新的十六字方针："科学立法，严格执法，公正司法，全民守法。"法治文化的传播，势必成为建设中国特色社会主义法治国家的重点之一，也将成为"全民守法"的文化土壤。

"高山仰止，景行行止。"在"全民守法"的法治征途之中，我们始终在路上！

（原载于《西南政法大学报》2016 年 10 月 31 日总第 845 期）

# 人权研究院:中国人权事业的建设者[*]

在中国人权事业发展的进程中,中国的人权研究机构扮演了重要角色,承担着对外宣传中国人权立场、维护国家利益,对内开展人权研究和教育的任务。回顾几十年来中国人权的发展历程,处处可见中国人权学者的足迹和心血。作为我国人权事业建设的一员,西南政法大学是全国最早开展人权教育与研究的高校之一,在人权教育与研究方面历史悠久、积淀丰厚。经过多年的开拓进取、薪火相传,如今我校人权研究院取得了丰硕的研究成果,积累了雄厚的师资力量,培养了一支专业的人权研究队伍,在全校普及了人权教育课程,其开展的人权实践行动也取得了良好的社会效果。

## 特色鲜明　术有专攻

马克思主义人权理论研究是西南政法大学起步较早、学术积淀深厚的研究强项。自 1980 年起,西南政法大学就开始开展人权教育与研究,特别是在马克思主义人权理论研究和人权实证研究领域,打下了坚实的基础,取得了丰硕的成果。人权研究院的马克思主义人权理论团队,围绕着当今中国马克思主义人权理论与实践中国化的核心问题,开展深入的理论研究,服务国家的文化战略,应对带有意识形态偏见、秉持顽固不化冷战思维的各种国外势力可能制造的压力,为国内由于社会矛盾加剧而提出的诸多新课题做好理论准备。同时,针对当前西方的人权理论,团队予以了重点关注,增强了与当今世界人权理论进行沟通和对话的能力,从而更好地评判和吸收西方人权理论的合理因素,探索构建中国特色人权话语权

---

　　* 本文作者:伍明　杨莹　傅莜晴

道路,充实马克思主义人权理论的内涵,确立中国特色人权理论,为推广中国特色人权价值观献计献策。

依托人权实证调研,服务国家人权战略决策,这也是人权研究院的一大研究特色。研究院一直十分重视实证研究,发挥团队优势,深入基层调研,聚焦经济社会发展中的重大人权理论和现实问题。研究院依托学校资源,在

**人权中心执行主任张永和教授等参加 2015·北京人权论坛**

**第六届北京人权论坛**

多年的学术积累之上,传承实证研究传统,成立了"中国人权实证问题研究"团队。该团队承担人权实证调研课题,展示中国人权保障的最新进展,寻找人权保障中的有效途径,为国家重大人权决策提供第一手资料,形成了一批具有重要影响的成果,而其中部分成果获中央领导批示,直接推动了相关立法的出台。

## 名师荟萃　桃李芬芳

早在 20 世纪 90 年代初期,以黎国智教授、卢云教授等为代表的老一辈法学家,就开始了人权理论的研究及教学工作,专门为研究生开设了人权法专题课程,培养了周伟、杜万华、卓泽渊、付子堂、张永和等一批人权理论研究人才。如今,人权研究院在人权教育方面的发展更加全面、深入。研究院为充实人权培训师资队伍,从国际、国内著名院校或研究机构引进专门研究人员,鼓励和推荐本校相关人员到国外进修或培训,通过"外引内培"促进科研人员的专职化和梯队建设。在提升人权教育与师资培训的专业水平的同时,设立了"人权法学"二级学科,招收人

权法学博士、硕士研究生。在法学博士后流动站法学理论学科下增设"人权理论与实践"研究方向，培养高层次人权研究人员。通过博士后人员、博士研究生和硕士研究生的培养，为中国输送能够与世界对话的人权理论和实践精英。

人权教育与研究中心跻身国家级人文社科基地

在人才培育方面，研究院还承担了国家人权教育职能，针对不同主体开展多层次的人权培训。

圣彼得堡合影

在西政校园里，为进一步加强学校本科学生的人权法教育，在法学本科层次开设《人权概论》限定选修课，并将在非法学本科专业开设《历史中的人权》任意选修课。研究院还大力开展包括但不限于公务员人权培训、学校人权教育以及社会人权知识的普及工作等。为扩大研究院的影响力、传播中国人权理念并推广中国人权事业的新发展，研究院加大了对相关机构和人员进行人权培训的力度。自 2012 年以来，人权研究院组织人权与法治培训 16 次，接受培训者 3500 余人，中心受邀对外宣讲 80 余次，受众达 18500 余人。

## 团队协作　硕果累累

在谈及人权研究院近年来取得的成果时，人权研究院执行院长张永和教授表示，推动研究院不断发展的重要因素之一就是有一个优秀的团队。在张永和教授主持调研报告"中国大众人权观念调查报告"（收录于 2013 年《人权蓝皮书》）期间，研究院全体人员攻坚克难，调动了全校师生 300 余人，累计发放问卷两万余份，覆盖了全国各大城市和农村地区。在报告发表后，引发了社会的广泛关注，新华社评论:"这是我国第一次发布关于大众人权观念的调查报告,也是迄今为止我国进行的最大规模的人权观念调研。"2013 年 10月,联合国人权理事会"普遍定期审议"工作组对中国进行第二轮国别人权审查,在中国人权研究会举行的边会上,中国人权代表团公布了本成果的部分数据和观点。

张永和教授向巴西众议院人权委员会执行秘书赠送中心简介和调研报告

张永和教授向巴西总统府人权部国际局局长赠送中心简介和调研报告

张永和教授的学生回忆他们做课题时说,张教授告诉他们无论是什么选题,一定要"手上过",不要夸夸其谈,一定要真心实意静下心来去做一件事,想法再好,也要自己动手去做、动笔去写。正是这种实干精神支撑着整个团队,他们不辞辛苦,在对西部地区少数民族权利保障问题进行研究时,不远千里赴新疆、西藏、云南、

张永和教授向墨西哥人权委员会主席赠送中心简介和调研报告

青海等少数民族地区进行现场调研,向当地民众询问实际情况;他们长途跋涉,前往美国、俄罗斯、加拿大、巴西、墨西哥、韩国等国进行人权交流访问,奔赴世界各地参加国际人权会议和相关学术会议。从 2012 年至今,研究院共发表人权研究学术论文 60 余篇,出版人权研究学术著作 20 余部,先后承担国家级、省部级课题 8

项,推动了国内相关人权研究的发展。

当前,人权研究院正处于全面发展的关键期,研究院将以"法治中国"理论关于扩大民主、加强法治建设、改善民生、保障人权的思想为指导,蹈机握杼,洞悉中国十八大以来的发展格局,顺应中国人权事业日新月异的发展趋势,将人权的普遍性原则与中国的具体国情相结合,逐步完善中国的人权话语体系,为中国人权事业的发展竭诚尽智。

（原载于《西南政法大学报》2016年9月18日总第842期）

【鼎新施教】

# 未雨绸缪　且智且明<sup>*</sup>

## ——记预防式法学教育与卓越法律人才培养改革与实践

《鹖冠子》里记载，魏文王曾问扁鹊："子昆弟三人其孰最善为医？"扁鹊曰："长兄最善，中兄次之，扁鹊最为下。"魏文侯再问，扁鹊曰："长兄于病视神，未有形而除之，故名不出于家。中兄治病，其在毫毛，故名不出于闾。若扁鹊者，镵血脉，投毒药，副肌肤，闲而名出闻于诸侯。"

在疾病发生前未有症状之时，便视其神而除之，这种医术自然比疾病发生后再施药动刀更加高明有效。世人之医如此，世事之医——法律，亦如此。然而，当前的法学教育更注重对事后解决纠纷、化解矛盾能力的培养。近年来，民商法学院博士生导师孙鹏教授及其团队领头开展了"预防式法学教育与卓越法律人才培养改革与实践"活动，系统性地提出要在大学里开展"预防式"法学教育，培养复合型卓越法律人才。此可谓"防祸于未萌图患于将来"。

## 立足现实　把握趋势

当前的法学教育主要是"司法面向、裁判中心"的"治疗式"法学教育，孙鹏教授指出，这种教育方式立足于培养解决纠纷和矛盾的法律人才。在课堂教学时，老师一般着重讲解法律条文的意义与应用，训练学生解决案例的能力，包括"庭审进校园""模拟法庭""法律诊所"等实践性教学，这些都局限于培养事后解决纠纷

---

＊ 本文作者：韩雪征　陈萱　陈亦奇

的能力,对于一些重要的诸如审查合同、起草公司章程等预防能力的培养与锻炼却收效甚微。

而与之相对应的"预防式"法学教育恰恰强调,法律人不仅要有能力应对现实的法律问题,更要能够做到"于病视神,未有形而除之"。在充分了解当事人需求和运营环境的基础上,主动对可能产生的法律问题作出预测和判断,并在危机爆发前对相关的法律风险作出安排,从而减少法律纠纷的出现。

孙鹏教授(中)及其团队

环顾当今社会,一方面,公检法等行政司法部门的职位数量少竞争大,法学专业就业率连年低迷,许多法学专业的毕业生面临严峻的就业问题;另一方面,随着法治社会的深入发展、公共治理时代的到来,企业和政府都对具备洞察当前问题、把握并规避未来风险能力的高端治理型人才有较大需求。究其矛盾根源,正在于传统的侧重培养解决纠纷能力的"治疗式"法学教育已经难以满足社会需求。

"当前的法学人才培养也需要供给侧改革。"民商法学院侯国跃教授说道。人才培养和社会服务是高校的基本职能,市场对法律人才多元化的需求意味着高校应当致力于培养知识面更加广阔的法律人才,以适应市场变化,满足社会需求。对法学人才培养的方式进行"供给侧改革",使法学专业的毕业生,不仅能够进入司法系统,成为公务员或者律师,还可以选择进入企业担任法务,甚至是管理要职。

正如中国大型民营科工贸企业宗申集团人力资源总监陆菁所认为的,法务部门对企业来说具有非常重要的意义,在企业经营合法合规、风险管控、打假及权益保护、投资顾问等方面都起着重要作用。民商法学院黄忠教授认为,"预防式"法学教育培养出来的法务人员,所具备的综合分析能力和风险管控意识,正好符合企业全方位、多职能的竞争需要。

## 明哲思辨　法商融合

"预防式"法学教育改革的关键在于增强学生预测纠纷、规避风险的能力，但这种能力的培养是无法一蹴而就的，它不仅需要学生拥有扎实的法律基础知识，进行大量的知识运用和案例实践，更需要具备独立的质疑精神、思辨能力与创新意识。同时，由于法务工作多涉及商业公司的销售、经营，因此相关的经济学管理学知识也是必不可少的。

孙鹏教授做客苏州大学介绍"预防式法学教学方法"

在此情况下，从 2015 年开始，民商法学院与经济学院、管理学院合作，每年分别选拔 50 人，开设"资本市场法务"与"企业法务"实验班，以培养法商融合型人才。除了正常的法学课程之外，法务实验班还开设了经济学原理、投资银行学、会计学原理、经济数学、金融信托与租赁等跨专业课程。"这样的课程安排是为了培养具有牢固的相关法律及经济管理知识基础、较强自主学习能力以及良好职业素养的高水平应用复合型法律人才。"民商法学院副院长张力教授介绍道，"这两个班的学生，前一年半注重法学专业基础知识和职业技能的培养，后两年半则偏重法律与经济、管理交叉融合的职业素养和实务操作能力的提升。"

日常教学中，法务实验班的老师并不会特别讲解"预防式"法学教育的内涵或者意义，而是将这种教学理念贯彻在每一节课中。民商法学院 2015 级林宇是"资本市场法务"实验班的一名学生，他举例介绍说："在上学期孙鹏老师的课中，有一节是讲'连带责任保证与一般保证'。孙老师不是简单地指出法条上的相关规定，而是从起草合同的角度，分析这两者在适用情况上的具体不同。"

与基础知识的传授相比，法务实验班更看重独立思考、质疑批判等学习能力的训练。民商法学院洪海林副教授曾以商品房的买卖为案例，举出重庆、深圳、上海、天津、北京等许多不同地区的合同，让学生们自己对比感受，思考其中差别，指出错误或者不完善的地方，并提出改进方法。这样的学习不仅让学生们了解到基础法学知识,更增强了他们敢于质疑、敢于发声的勇气。

在教学管理方面,法务实验班的部分课程采用"项目管理制"。比如上学期的电子商务课程便没有采用传统的一人一卷考试形式,而是让同学们分组合作完成一个以在西政附近开茶餐厅为主题的调研报告,然后根据报告的完成情况进行评分。调研报告不仅考察了课本上关于地区人流量、潜在客户数量、成本等的基础知识,又考察了同学们实地调研、合作分工的能力,形式新颖有趣,富有实践精神,避免了依靠死记硬背来应付考试的情况。

## 道阻且跻　上下求索

冰心曾写过一首小诗,描写人们眼中明艳的花儿,在幼芽时也是经历了"奋斗的泪泉"和"牺牲的血雨"。而今天,由于"预防式"法学教育仍处于探索阶段,可以借鉴的经验较少,相关的教辅资料也很匮乏,教学实践工作面临着多方面的困难和挑战。

最直接的挑战便是时间不足的问题。法务实验班比平行班增加了经济与管理等学科的课程,

重庆市高校"预防式法学教育与卓越法律人才培养"交流会

而"预防式"的教育特点又需要学生花费大量时间进行思考、提问与领悟,时间冲突不可避免。需要学习的课程多,又不能将学生的课表全部塞满,便只能压缩某些学科的课时。在压缩过的课时之内,上完定量的课程,这对教师的素质和能力以及对课堂节奏的把握提出了更高的要求,于是教师的课前课后工作都尤为重要。

同时,"预防式"法学教育需要学生更加勤奋刻苦。"本身法学的作业就很多,如果想认真完成,更要花费大量时间。"林宇笑着讲道,"像上学期我们的民诉课,教我们的肖老师喜欢布置一些思考性的案例作业,让同学们自主搜集资料,提出问题和看法,最终总结各种思路。一个学期下来,案例、资料加上分析思考,每个小组作业的总字数竟然达到了四十多万字。"但大量的案例分析带给学生的效益

也显而易见:看多了法官的不当判断、合同的不完善之处,在自己的实务工作中,便自然会避免这些问题。

林宇表示,刚开始进入班级有些痛苦,繁重的课业和自己的部门活动几乎占用了全部的课余时间,有时为了完成作业甚至要熬到凌晨两三点钟。"法律本身就是一门艰辛的课程,当这种辛苦成为一种习惯,你便不觉得辛苦,而是觉得有所成长。"

除了课时的矛盾之外,如何将法学与经济、管理学的知识有机整合、融会贯通,也是一个不小的考验。民商法学院徐银波副教授遗憾地表示:"在法务实验班,我们法学老师对管理学、经济学的了解不多,而管理学、经济学的老师对法学的了解也有所欠缺,所以学生缺少一个带领他们学习融合的示范者。"

事实上,在学习过程中,也有一些同学不理解为什么要学习经济数学、会计学原理这些理科知识。"比外行更内行,比内行更专业。"这是林宇对学科交叉学习意义的理解。复合型法律人在面对公司合同、企业账目时,会比不懂经济的法律人更加内行,比不懂法律的人员更加专业。

法者,天下之医也。所谓"预防式"法学教育,便是未雨绸缪,防患于未然。而要真正地做到"防祸于未萌,图患于将来",则需要师生共同努力,通过实务教育和跨学科知识的学习,培养且智且明的复合型法律人才。如今的"预防式"法学教育还在一个起步实践阶段,这条路上依旧有着不少泥泞和荆棘,但法律教育者将会不断实验和探索,法律学子也将在实践中继续总结与反思,在过尽千帆后,寻得心中"所谓伊人"那惊鸿一瞥,再看凡生怎般。

（本文原载于《西南政法大学报》2017 年 3 月 31 日总第 853 期）

# 靶向教学法　你中弹了吗？*

互联网时代下如何培养法律专业人才？这是全国法科大学面临的普遍问题。随着信息技术的高速发展，学生能够在网络上很便利地获取其需要的专业信息和基本知识，传统课堂教学方法优势不再。与此同时，各类繁复的法律问题层出不穷，教师安心教学的热度锐减，社会对法律人才培养质量判断标准的更高，这一切现状都迫切呼唤着全国法律院校的教学革新。

2013年2月，我校开始以法学专业本科《环境资源法学》教育为试点课程实施教学方法改革，其教学团队全员参与推行"靶向教学法"。

"靶向教学法"建立在互联网时代背景下，着眼于新时期的大学生心理特质和求知欲望，是以扎实提升人才培养质量为目标的覆盖课堂教学组织、教学活动监督和学习效果测评全过程的方法。其核心是以干扰、抑制和转化影响学生学习欲望和学习质量的消极因素为靶点，通过细化学习时间分配、优化学习内容配置和系统化学习效果测评等方法，凭借任务导向模式引导学生建立自主学习的体系和养成持续学习的习惯，从而达到提升人才培养质量的目的。

## 师生齐努力　改革见真效

1. **老师更忙碌，工作量增3倍**。4年来，"靶向教学法"采取课堂讲授与学生自学相结合的教学形式，使法学本科学生在规定的学制内通过课堂教学和课外学习获取的知识总量大大提升，研读法律法规，文献阅读、写作和社会调查能力也得到极大锻炼和提高。

---

\* 本文作者：李宏　张亚男

此外,该教学方式对老师提出"五个务必"要求,一是教学过程务必严格执行教学改革方案;二是课前准备务必精细和扎实,既要注重问题选择的前沿性,又要关注科学技术和制度发展的先导性,还要立足本班学生学习中存在的靶点问题对症施策;三是每学期课程结束后,务必撰写课改总结;四是务必按时汇总教改资料,并按规定归档立卷;五是务必参加教研室组织的教学研讨会和质量分析会。要求参与教师既要当好"施工员",又要做好"监理工程师"。

据统计,自实施"靶向教学法"改革以来,授课老师批改的作业量累计超过 2 亿字,人均每年批改作业量超 400 万字,工作量超出过去 3 倍。

2. **学生更充实,出勤率保持 90％以上**。我国生活垃圾分类的现状与发展、麻将噪声纠纷的诉讼研讨、柳州狗肉节的环境法解析、天津滨海新区仓库爆炸引发了哪些环境保护问题、排污权交易试点的现状与展望是什么……从 2013 年起,关于这一系列时事热点和生活中常见环保问题的专题讨论、热点辩论、案例探讨和团队作业开始频繁出现在教学课堂,学生展示机会更多,参与积极性和求知欲望大大增强。

实施"靶向教学法"改革,使学生切实感受到了学习压力,绝大部分学生不得不主动投身课程学习。由于课堂教学内容和课外自主学习内容细化,学生必须完成规定的学习任务和训练项目,学习目的性大大增强。同时,要完成既定学习任务,学生必须主动进行时间管理,从而使有效学习时间明显增加。由于对学习评价的平时成绩占评价的 60％,期末考试占 40％,学生投机、应付式的传统应试学习状况得到了根本转变。

实施靶向教学改革 4 年来,学院老师上课从不点名,但学生出勤率反而上升了 40%,常年保持在 90% 以上。2013 年 12 月,在实施靶向教学改革 10 个月之后,学校首次组队出征全国模拟环境法庭大赛并在全国 16 所知名高校中脱颖而出,夺得冠军。

自国家卓越法律人才教育培养计划实施以来,这样一个教学团队全员参与并持续推行的法学教育教学方法改革实践,在全国尚属首次。2014 年,由重庆市环境资源法教学团队带头人、经济法学院教授张志辽牵头的该项目获重庆市教委重点教育教学研究课题立项支持。

# 靶向新气象　昂扬望未来

"靶向教学"改革见真效,这和老师们课上课下的辛勤付出密不可分。为此,我们电话采访了经济法学院教授张志辽,一起探寻成绩背后的故事。他介绍道,此次改革有三大亮点:

一是教学团队全员参与,实行团队作战,由此找到了教学团队建设的着力点。

二是以问题为导向,即互联网时代中国高等教育如何解决学生从"课堂低头族"向"望讲台族"转变,教师如何安心教书和潜心育人。由此就需要找准靶点,精准施策,让学生"忙"起来、课堂"活"起来、教师的角色"变"起来。

三是评价规范公开、透明,使学生课业学习的形成性评价依据更充分,教师的教学业绩评价更服众。

同时,张志辽也指出四点亟待提高的地方:

一是教师的付出应得到制度激励,实施靶向教学改革后,与传统教学方式比,任课教师的工作量至少增加了 3 倍,但目前仍然依赖于教师的道德操守和职业崇敬意识。

二是靶向教学改革推行已逾 4 年,到了需要全面总结的时候了,以便形成稳定的课程教学规范。

三是作为一种教学方法探索,在全面分析总结基础上,应当对合理部分进行推广应用。比如,就环境资源法课程安排的写作训练来讲,如果本科阶段有 5 门课加以应用,学生的写作量就能达到 20 万字以上,无疑会直接提高学生的写作能力。

四是如何将团队教师各自的研究志趣与课程教学活动有机结合,并在团队成员之间建立起共享机制,对促进人才培养质量提升至关重要。

面对未来,张志辽表示,针对"靶向教学法",环境资源法教学团队将尽快全面总结、深入研讨,力争使其成为一种可广泛应用的教学方法;同时,创造条件继续助推其在课程教学中全面实施,为培养一流法治人才服务。

(本文原载于《西南政法大学报》2017 年 2 月 28 日总第 851 期)

# 乘法学之风 拓知产新海*

马克·吐温曾言:"没有专利局和完善的专利法的国家就像一只螃蟹,这只螃蟹不能前进,只能横行和倒退。"①随着我国经济建设的迅猛发展,专利保护已成为不可小觑的问题。象征着文明与进步的知识产权不仅是保护专利的不二法门,更是我国法治建设的有力推手。作为西部地区唯一一个设立知识产权学院的法学高等院校,我校立足重庆,辐射全国,肩负起了为法治建设添砖加瓦的重任。近日,西政联手重庆市知识产权局,签订了"十三五"知识产权战略合作协议,为重庆市的创新驱动发展战略提供建议,为重庆市的科学立法提供参考,让知识产权更积极高效地迈向一流学科。

## 师者如桨 踏激浪而行

知识产权还有很多未知的领域,学界对此的研究还未形成完善体系,因此知识产权学院的教师们可谓挑起了开荒拓土的重担。若说知识产权是一艘整装待发的巨轮,那么教师便是协助巨轮航行的桨。

知识产权研究中心主任李雨峰介绍道:"知识产权学院采取中外合璧的教师培训方式,'海外交流''短期培训'与'学术研讨'相辅相成,在国内知产学术理论的原有基础上,充分汲取舶来经验之精华,以期达到资源利用最大化。"理论和实践相得益彰,将源于社会的知识产权深入普罗大众,更好地助力法治建设新要求中的"全民守法"。知识产权学院为加大普及力度,自 2014 年以来,每年举办 10

---

\* 本文作者:潘冠宇 程依
① 申嘉廉:《马克·吐温的话及其他》,载《工业产权》,1987 年第 1 期。

期"知识产权法官讲坛"和 10 期"知识产权名家讲坛"。讲坛聘请不同的专家和法官参加,全体师生和社会企业在讲坛上广泛交流知识产权的相关知识,这不仅给学生带来了行业前沿信息,同时也将学术之风吹遍法府内外,为法治建设贡献一份力量。

目前,我校知识产权学科已经拥有了校级的西南政法大学知识产权研究中心、市级的云计算知识产权研究中心和国家级的复合型知识产权人才培养模式创新实验区,除此之外,还有一门重庆市精品视频公开课程。2010 年,知识产权法教学团队被遴选为重庆市优秀教学团队,学院成立至今,已经具备本科生、硕士生和博士生培养能力,师资力量雄厚且声誉卓著。

光与影相随而生,知识产权教师培训之路也免不了会经历瓶颈期,专业教育人才的稀缺是建设之路上亟待解决的问题。据李雨峰介绍,当下面临的一大困难在于,能够在知识产权学科起到领头作用的教师资源有限,解决好这个问题是下阶段教师培训工作的重中之重。教师素质不可轻视,就好比不停划动的桨,于整个知识产权而言不可阙如。他们在时代的浪潮中发出飒飒的声响,为知识产权这艘大船提供踏浪前行的不竭动力。

## 学生似舟　寻学术蓬莱

若说教师是引导巨轮驶向光明的桨,学生就好比追随教师的叶叶扁舟,在船桨的指引下抵达学术的蓬莱。"专业人才是法制建设最为基础的,每年我们都将培养出 80 名优秀的本科生。"李雨峰介绍说,为了在教学上取得更好的成果,学院一直在努力。

知识产权学院是学校首创"双师同堂"教学模式的学院之一,所谓"双师同堂"即两个老师同上一节课,一个立足实体,一个立足程序,与学生进行互动。由于好评如潮,该教学模式如今已蔚然成风。除模式标新立异外,知识产权学院还建立了硬件设施完善的实验室,开设了专利检索与分析课程。学生可以对中国、欧盟等多个国家的专利数据库进行检索,并对结果加以分析。"专利检索课程相较于传统的理论课程更加实用,是典型的实务教育。它让我们接触到大量的专利信息。在拥有实战机会的同时,建立起大局观,把孤立的个体专利和企业战略结合起来。"知识产权学院 2014 级学生纪翔介绍说,"比如探讨华为公司通信技术方向的发展战略时,就可以通过检索并分析其专利信息得出客观的结论。"

　　知识产权是专业性较强的一门学科,有些学生在学习过程中的积极性逐渐消减,主要是因为其基础素养薄弱,导致学习较为吃力。知识产权学院 2014 级陆伟认为,法学是"上层建筑",与基础学科之间密不可分,如果没有稳固的基石,无异于建空中楼阁。为了扭转这一现象,首先要从抓住学生兴趣入手。李雨峰说:"学生的关注点是不可忽视的,我们由此来调动积极性,起到了显著的效果。"知识产权学科一直走在全校实务教育的前列,非常多的课程都基于热点,隔三岔五就有从律所到政府机关的各类社会讲学。借助强大的校友资源,有些老师也会拿出几节课的时间请来自律所、科技公司等领域的从业人员来讲解热点问题。比如本学期的"知识产权代理"课程,就请到了超凡知识产权服务公司的专家,为学生解答专利代理人的有关问题。

## 凭风借力　为西部首舻

　　为了当好重庆乃至国家西部地区知识产权领域的领头羊,肩负起知产学科发展的引领、示范重任,知识产权学院必须强化自身。这就好比船之首舻,为起好带头作用,学院凝聚多方力量,凭风借力,方可乘风破浪,助力法治建设。

　　欲戴王冠,必承其重。知识产权学院引领学科发展的首要前提是内部建设的日臻完善,而内部建设的要点又在于课程的创新和队伍的建设。知识产权专业拥有第二期来华留学英语授课品牌课程,即"知识产权的国际保护",此为全英文教学。在学院合作方面知识产权专业也是典型代表,其与管理学院合作开设了企业管理、企业知识产权管理、知识产权评估等特色管理学课程。在队伍建设方面,学院将本科生、研究生、博士生三个层面相对独立建设,以提高效率。不仅如此,知识产权学院的前沿性非常强,学院把握好了整个领域的船舵,让师生航行在最前端。"平时上课讲到的所有案例都是近几年的。"纪翔还提及,知识产权学院首设的"中国知识产权名家讲坛",大三的专业学生几乎 100% 到场。中国知识产权学研究会会长刘春田、重庆市科委书记李殿勋、重庆市知产局局长袁杰等给讲坛带来了一次次"大餐"。"他们都是走在前沿、高瞻远瞩的人,给学生带来了行业最新的信息,将务实与理论完美结合。"

　　一滴水只有在大海中才会永不干涸,凝聚学界之智慧方能千磨万击还坚劲。知识产权学院将海外、国内知名法学院校的力量拧成一股绳,终于汇成千钧之力。"我们学院和很多外国高校的法学院保持密切关系,如加利福尼亚大学戴维斯分校,每年我们学院均有不少的学生去这些海外大学攻读学位或者访学,加强了国际化。"李雨峰介绍说,不仅是国外的资源,知识产权学院也对国内的资源充分加以利用。学院和中国人民大学知识产权学院、华东政法大学知识产权学院交流较多,相互借鉴,这对双方皆大有裨益。为保证理论不与实践脱轨,学院还与社会保持紧密联系。最高人民法院在 2017 年于知识产权学院设立了知识产权司法保护领域研究基地。同年,重庆市知产局与学院签署了合作协议,此举将老师和研究人员连接起来,对于提高实践水平有着极为重要的意义。

在知识产权这片尚少人航行的瀚海,只有凭着师者如桨般的不竭动力,乘着中外、社会等多方似风的力量,才能带领学生们的叶叶扁舟稳步前行,到达学术的彼岸。一路上,西政知识产权学院将携手重庆市知识产权局和其他相关组织,多艘巨轮齐头并行,在法治建设的蓝天下,开辟重庆市乃至全国西部地区知识产权的新海域。

## 【以法见政】

# 砥砺前行　依法治校<sup>＊</sup>

## ——《西南政法大学章程》诞生记

　　章程建设是一项开创性的工作,也是一项系统化的工程,更是一条推动高等学校依法办学、提高治理水平的阳关道。欲知平直,必准其绳;欲知方圆,必正规矩。2014 年 10 月,中国共产党第十八届中央委员会第四次全体会议首次专题讨论了依法治国问题。为推动依法治国的实施,全国各地高等学校逐步将依法治校提上了日程。日前,教育部通过了大批高等学校章程核准书,而早在 2015 年《西南政法大学章程》便正式颁布。其颁布是我校受时代潮流驱策,不断完善自我、不懈努力发展的显现,标志着学校正式迈入了依法治校的全新阶段。

## 与时俱进　精益求精

　　我校作为政法院校,办学自然要与时俱进,紧跟国家要求,遵守国家法律的规定。根据我国 1995 年通过的《教育法》、1998 年通过的《高等教育法》以及 2011 年国家教育部颁布的部门规章《高等学校章程制定暂行办法》,高校应当制定自己的章程,并且按照章程进行自主管理。一项项法律与部门规章的制定与出台,都说明了在当前时代潮流的驱策之下高校制定章程的必要意义。

　　其实早在 2007 年 10 月 22 日,校党委全委会就已经通过了我校的章程,所以此次新章程是在原章程的基础上修改完善而产生的。在 2012 年初,校党委决定

---

　　＊ 本文作者:张晓茜　杨婷

启动章程的修订工作。同年六月,学校专门成立了章程修订工作的领导小组和工作组。领导小组负责整个章程的布局和顶层设计,工作组则主要承担搜集资料、起草、修改、征集意见、调研等具体任务。两个小组统筹协调,各司其职,为新章程的诞生尽心竭力。

在 2012 年至 2014 年期间,教育部发布了《高等学校章程制定暂行办法》《学校教职工代表大会规定》《高等学校学术委员会规程》《普通高等学校理事会规程》等文件。这些文件的发布为我校章程的修订奠定了基石,它们涉及如何设立学校的重要学术、管理等组织的若干问题,例如关于学术委员会应是学校管理学术事务的最高机构的规定等。工作组严格按照相关文件以及中共中央办公厅颁发的《关于坚持和完善普通高等学校党委领导下的校长负责制的实施意见》的要求,依照法定程序展开章程修订工作。

操千曲而后晓声,观千剑而后识器,前期的精心筹备对我校章程的修订可谓至关重要。为了能使章程更加完善,工作组广泛征求意见。曾参与章程修订的专家、发展规划办公室主任张建文介绍道,当时工作组集思广益,不仅征求了学校职能部门、学院、教授及学生的意见,还征求了学校老领导及校友的意见。在此过程中工作组不仅拜访了西南大学、重庆大学等多个本地院校,甚至还飞赴中国政法大学、华东政法大学等著名政法院校进行工作调研。在收集到大量调研资料后,工作组精益求精,通过层层筛选,遴选出优秀的建议,并根据这些建议对草案进行了修改。随后经校长办公会初议,教职工代表大会审议,校党委常委会研究,校党委全委会审定,最终草案正式形成。

内部程序的结束意味着章程修订工作告一段落,但是工作组没有放松,而是马不停蹄地投入到下一阶段的工作中。2014 年 12 月 9 日,校党委决定把章程送核稿报重庆市教委核准。在市教委核准后,工作组又根据教委法规处专家组提出的修改意见对章程进行修改,并再次向教委递交了送核稿。在重庆市大学章程第一次核准工作会后,市教委法规处又召开了书面反馈会,将专家组的综合评议意见以及对西南政法大学章程的意见反馈给工作组,工作组根据反馈意见再次作出修改,并将修改稿报给校党委常委会审定。在学校党委常委会对修改稿逐字审查的次日,工作组第三次向教委提交核准稿征求意见。终于,在 7 月 23 日,重庆市教委公布重庆市首批共六所高校章程的文本,面向社会征求意见。"如切如磋,如琢如磨",历经上下三次的修改,在 2015 年 9 月 2 日,这个对我校意义非凡的日子里,《西南政法大学章程》作为一号准核书正式颁布。时隔三年,章程草案数易其稿,其正式文本终于诞生了。

## 特色荟萃　高瞻远瞩

每个学校的章程都有着自己的特色,作为政法界"黄埔军校"的西南政法大学,我校章程根据政法院校办学特色和学科特色,发挥政法院校的专长,合理设置章程的框架体系和内容结构。因此章程在结构体系上具有很强的整体性、逻辑性,也有着西政自身的特色。

张建文指出,我校章程在章节设立的顺序上有一个细节值得关注——"学生"一章是放在"教职员工"一章前面的,这体现了我校对学生的关注和对学生基本权利义务的重视。章程第七十二条规定了建立健全学生权利保护和救济制度与机制,包括学生处分听证制度。在涉及学生相关问题的处理上,学校制定的听证制度允许学生申请复议,进行陈述,提出异议和辩驳。学校还成立了专门的大学生申诉委员会,这在全市甚至在全国都是非常先进的。对学生权益的特别重视,是我校章程的一大亮点。

章程的另一特点是对校友的相关规定十分详细。校友资源是西政的特色资源,这也得益于西政的校友工作在全国启动较早,校友会的网络布局较为齐全,所以针对这个情况,我校对校友的范围、校友的地位以及校友会的性质与职能,都在章程中做出了明确的规定。

在细化我校的领导体制组织结构、决策机制、内审机构和民主管理职权职责运行机制方面,章程中的规定和以前相较也有所不同。在教育部新出台了关于学术委员会、教职工代表大会的规定后,章程中又作出了一些创新性修改,如对教职工代表大会、工会实行合议制等,这些都体现出我校章程是推陈出新且不落窠臼的。

风物长宜放眼量,除了这些富有特色的设计,我校章程还对学校未来发展有一些前瞻性规定,现行章程中概括规定了未来可能会设立的校务委员会、董事会、理事会机构。同时章程对学校与社会的关系也进行了规范,并按照现在大学制度发展的趋势预留出一个制度的空间,这个制度的空间,给以后设立组织留下了制度的依据。

## 纸上非浅　绝知躬行

自最初的修订到后来的修改审核,《西南政法大学章程》可谓"千呼万唤始出来"。在这拔丁抽楔的一路上，全校领导、师生齐心协力推动我校章程的完善，希望在章程的指引下迈往我校发展的康庄之衢。大学章程是高校自主办学的根本性依据和纲领性文件，一部制定合理的章程能够促进一校学术之自治、管理之规范，进一步将良法善治落到实处。

大学不仅是象征着学术最高层次的象牙塔，承载着教书育人的使命，并且肩负着促进社会发展的重任。"我校章程合理协调了学校发展过程中会遇到的问题，比如它规定了大学内部的有关组织结构，并且理顺了大学与外部组织之间的关系，从而能够维持内部管理秩序与外部社会关系之间的平衡。"张建文谈道，我校作为政法院校有着颇多任务，在发扬自身的功能和特色，为建设法治中国培养更多的高素质法治人才的同时，还应开展国家地方法治领域重大问题的研究，为法治中国提供智力支持，促进社会的进步。《西南政法大学章程》涵盖了学校功能、学校管理体制、学生、教职员工、经费、资产与后勤、学校与社会、校友与校友会、学校标识等方面。它并非只是写在纸上的文字，更是能够切实为我校进一步发展提供方向性指导的圭臬津梁，能够促进我校各项工作切切实实地统筹协调。我校应当响应国家依法治国的方略，按照章程的要求把学校的管理和办学活动纳入法制化轨道，做依法治校的表率。"政法院校应在依法治校方面做出表率，所以我校在制定和落实章程的时候需要发挥自己的学科优势，彰显重法的精神。"

"合抱之木，生于毫末；九层之台，起于累土；千里之行，始于足下。"章程的制定只是一个开始，此后更需要我们以求真务实的态度，一步一个脚印地将章程的规定扎实落实下去。《西南政法大学章程》诞生后，我校首先是将章程发布并组织各方学习宣传，以求各方严格落实，且以此为准绳来优化各种制度，按照章程废止以往不合时宜的规定，增添应当与时俱进却未涉及的规定，特别是运用章程来优化治理结构和内部管理体制。"绝知此事要躬行"，是《西南政法大学章程》诞生后我校正在不懈探索的真实写照。

韩非有云："欲成方圆而随其规矩，则万事之功形也，而万物莫不有规矩，议言之士，计会规矩也。"木受绳则直，金就砺则利，原本深藏于我们所处的土地之中的良法善治的种子在我校协同一心的努力下得以萌芽生长。《西南政法大学章程》的诞生，正是我校兼顾自治与重法之精义的见证。

# 做法治"一带一路"大船的优秀水手*

　　公元 1405 年,明永乐大帝亲命郑和率两万余人下西洋通商并交流文化;2013年 10 月,中国国家主席习近平访问东南亚诸国时提出"21 世纪海上丝绸之路经济带"战略,并与"丝绸之路经济带"合称"一带一路"战略;2015 年 11 月 16 日,东盟各国法学专家、司法界人士共赴重庆,出席"中国—东盟法治论坛",在西南政法大学讨论各国法治建设成果,谋划区域法治合作未来,并共同发表《重庆宣言》,提出"坚持人才战略,协同开展各种形式的法律培训和能力建设活动,支持中国—东盟法律培训基地、中国—东盟高端法律人才培养基地的建设"的宏伟目标。

　　历史的辉煌和当下的现实都证明,各国之间唯有加强合作,增进交流,才能够和平共生,互利共赢。"一带一路"战略不仅仅是经济战略,更是区域国家之间增进了解、建立互信和全面合作的伟大战略,是建立"人类命运共同体"的区域实践。在经贸往来、人文交流、环境公益、社会制度等诸多方面中,法律,是每个国家社会文化中最为基本和重要的部分,它确定整个国家的基本制度和社会秩序,能够体现出一个国家和民族的意识形态和价值追求。因此,法治交流应当是诸多可合作方面中最不可忽视的。作为中国法学教育中独树一帜、经验丰富的老牌名校,西南政法大学一直致力于加强区域法治交流建设,做法治"一带一路"战略的积极参与者和促进者。在法学研究上瞄准目标、在法学教育上认清方向、在人才培养上瞭向远方,唯有如此,西政才能更好地为法治"一带一路"战略建设添砖加瓦,为未来更深层次的合作劈波斩浪。

　　瞄准法学研究的目标,在不同法治文化中找到共识。东盟各国文化各异,历史背景多样,既有社会主义国家,也有资本主义国家;既有佛教国家,也有伊斯兰教国家;既有英美法系国家,也有大陆法系国家等。多样的文化相互碰撞时往往

---

　　＊ 本文作者:徐忆斌　王铜

会产生不一样的火花。和中国一样,大多数东南亚国家法治也处在发展阶段,相互的交流与合作必能够达到"1 + 1 > 2"的效果。本次论坛中,中国－东盟法律研究中心与东盟法律协会、印度尼西亚最高法院、柬埔寨司法部和文莱仲裁协会共同签署了《共建"中国－东盟'一带一路'区域法治研究联合体"备忘录》。在共建区域性法律政策研究和交流的智库团队,启动区域法律研究的学术交流活动,合作开展区域规则共享法治经验研究等方面,这项协议必将产生重要作用。

紧跟法学教育的航向,在学府之间播种未来的种子。教育是改变未来的长远之计,要在未来促成中国与东盟国家之间的合作与发展,建立区域命运共同体,必须要在现在打好青年一代的基础,播种属于共同未来的种子。学府高校之间合作办学,各国青年之间相互交流,唯有这样,才能逐步加深对对方的了解。在此次论坛中,我校与柬埔寨皇家法律经济大学和老挝国立大学等达成多项协议,鼓励校际合作办学,支持三方互派大学生交流,并签署《老挝人民民主共和国老挝国立大学与中华人民共和国西南政法大学与柬埔寨王国柬埔寨皇家法律经济大学座谈会纪要》,以实际行动为两国教育界合作、交流创造了有利条件。

瞭望人才培养的远景,在国际环境中突破育人的局限。完成社会实务与校园学术的对接一直都是法学人才培养的难题。美国法学家霍姆斯说:"法律的生命在于经验。"而经验需要实践平台不断获取和学习。近些年来,西政不断创新人才培养模式,注重实务教育,缩短学校和社会间法律实用的差距,培养社会需要的务实创新的高素质应用型人才。在本次论坛中,我校与菲律宾科鲁兹律师事务所达成了《法律实务合作框架协议》,将其建设成为我校海外实践教学基地,加强人才培养方面的合作,为区域提供高素质的人才,打破育人局限,赢取更大的发展。

自论坛成立以来,西南政法大学一直致力于加强区域间法治建设交流与合作,并在论坛中不断取得新的突破。此次论坛在我校召开,我校抓住机会与多个国家达成一系列重要协议,在法学教育、人才培养等方面走在了全国高校前列,相信在不久的将来,我们必将在更广泛的合作环境下为法治"一带一路"战略建设增添为更强大的助力,成为法治"一带一路"大船的优秀水手。

(本文原载于《西南政法大学报》2015 年 11 月 30 日总第 829 期)

# 后　记

　　在书籍编纂过程中,要感谢各文章原作者的理解与配合,此外,要特别感谢学生编辑王铜、伍明、杨祖贤、韩雪征。

　　著书者,以传世人也。希望本书能够作为西政一段时期的记录剪影,为后辈追忆提供真实的故事和想象的空间;希望让更多的人通过黑白文字,触摸到西政的风骨和精神,真正做到博学和笃行并重、厚德与重法同行,践行"心系天下、自强不息、和衷共济、严谨求实"。